# 聽，傷痕在說話

## 呂立的兒少保護醫療現場紀實

## 守護受虐兒，重拾家的力量

呂立——著
陳柏樺 採訪撰述

# 目錄

## 推薦序

## Chapter 2 看不見的傷 143

Chapter 3

## 行經醫療現場的蒼涼



## 後記

推薦序

# 比社工更像社工的兒科醫生

——張秀鴛

第一次見到呂立醫生，是在衛生福利部重大兒虐小組檢討會議上，當時我就確定呂醫生對兒童保護有著堅不可破的使命；而在看完《聽，傷痕在說話》這本書後，我更加明白了呂醫生心中對兒少保護的願景。

我從一九九七年起參與保護性工作，其中兒少保護在所有保護性議題中最具挑戰性，涉及人性、人權、父母的親權行使、《民法》中父母的懲戒管教等面向。這本書中，呂醫生從第一線接觸的案例中，整合出對於這些議題與面向的看法與省思，透過一椿椿令人痛心的故事，提出殷切的呼籲。

對我來說，看完《聽，傷痕在說話》的心情，像連續開了數十場的重大兒虐檢討會議那般沉重，但在沉重之餘，看到了希望。沉重，當然是每個案例所帶來的遺憾；希望，是因為呂醫生深入淺出的文字陳述，不但有助於大眾明白兒少保護工作的真實情況，更是對所有兒少相關體系工作者，提出最誠懇的整合意見與最深刻的省思。

所以我認為下列人員應看這本書的理由：

一、**一般民眾，尤其是新手父母**：呂醫生在書中不斷強調照顧孩子是很辛苦的事，父母不必孤軍奮戰，在教養的過程中抵抗壓力、如何取得協助的資源，書中對此有非常詳細的說明。

二、**關心兒少保護的實務工作者**：在兒少保護領域裡的所有工作者，都需要密切合作，因為每一位都是接住孩子的捕手，透過閱讀這本書，更能明白自己工作的價值，進而形成兒少保護網的集體共識。

三、**第一線兒少保護工作者**：包括社政系統、司法體系、醫療人員，都應該把這本書視為兒少保護觀念的基本教材。不僅如此，本書也是兒少保護的案例彙編，可成為新手社工或員警很重要的學習小幫手。

四、**兒童保護政策制定者及監督者**：這本書藉由案例檢視服務體系的限制與不足，以更宏觀的角度觀看制度面的問題，呂醫師更進一步提出其他國家的兒童保護政策，相關的理念做法值得我們參考。

呂醫生的大作，揭示了一條正確也漫長的道路，我們已走在這條道路上。在行政院社會安全網第二期計畫裡，已把美國兒虐防治計畫「Family Partner」精神、部分做法納入兒少保護家庭處遇計畫中；也參考美國「Safe Care」模式，徵集培訓非專業人力，針對通報低度風險個案進行家訪、關懷與陪伴服務。雖然起步不夠早，但我們很努力在跟上。

呂醫生是值得尊敬的倡議者，而且他的倡議是建立在臨床實務經驗。謝謝他過去二十幾年來為脆弱需要保護的孩子發聲，也為無助的照顧者點燈找資源。未來，大家一起支持兒少保護工作，一起共織綿密、堅實的兒少保護網。

（本文作者為衛生福利部保護服務司司長）

推薦序

# 幼吾幼以及人之幼：兒少保護先鋒的至情呼籲

——吳明賢

台大醫院創院一百多年來，有賴不少傻瓜（不懂計算和算計）及超人（超越自己的人）們默默付出，不僅帶領台灣看見世界，也讓世界看見台灣。我所認識的呂立醫師，就兼具傻瓜和超人特質，他在本院兒童加護病房工作超過二十年，因目睹及親身處理不少孩子被家人和照顧者傷害，因而投入兒少保護醫療領域，成為此方面的先鋒。

這本《聽，傷痕在說話》即是呂醫師將多年經驗，選取具有代表性個案所集結成書。雖然保護兒童免受暴力、剝削、虐待和忽視是普世價值，照顧兒童平安順利長大也是國家大事，但是單靠政府力量已不足以因應，甚至八十％以上的兒少案件是父母、監護人及照顧者所為，其中以身體虐待及疏忽比例最高。書中血淋淋的眾多個案，本該是無憂無慮的童年時光，不僅走調，甚至夭折，讓呂醫師沉重呼籲社會應該投入更多的資源以建立更完善的保護網路，以減少「折翼天使」不幸事件的發生。

兒童是人類的未來，給所有兒童創造良好的家庭、社會和學習環境，讓他們健康、快樂、幸福地成長，應該是每一個負責任成年人的共同目標。童年獲得的愛與幸福，可以支撐一個人長大後，有足夠的勇氣走過人生的挫敗或低潮的時刻，「幼吾幼以及人之幼」，希望你我一起參與織就綿密的兒少保護網，讓每位兒童在他的生命啟蒙時都有最美的時光及幸福的記憶。

（本文作者為國立臺灣大學醫學院附設醫院院長）

推薦序

# 與其抱怨批評，不如捲起袖子幹活去！

——黃璟隆

兒童是社會上最無助的一群，尤其是小小孩，因為年幼無法表達和求助，一旦遭遇大人不當對待，只能任人凌虐，幼小的身心遭受踐踏，將會影響一輩子。

兒童是國家未來的資產，這不是口號而已，應該要給他們一個健康平安的生長環境。受傷的孩子更要有人懂、有人疼、有人愛，幫助他們解脫痛苦的煎熬，並得到療癒復原，這是整個社會必須共同承擔的責任，包括醫事人員、社會工作人員、教育人員、警察、司法人員，甚至所有的台灣人。

我與呂立醫師皆是資深的兒科醫師，每每看到因為遭受虐待而身心受創、傷痕累累，甚至危及性命的兒童被送到急診室，總是讓我們這些站在第一線的醫護人員相當不忍。我總是想：「除了醫療看診，我們還能做些什麼？可以幫助這些令人疼惜的孩子不再受虐，並且能改善他們的處境？」

二〇一四年，正值我擔任台灣兒科醫學會理事長，接受衛福部心口司陳快樂司長的委託，編撰《兒少虐待及疏忽——醫師人員工作手冊》，並完成全國兒科醫師兒少保護的再教育，讓台灣的小朋友多一分保障。

二〇一六到二〇一九年這四年，我接受國家衛生研究院的委託，舉辦兒少保護論壇，著手進行台灣地區兒少保護的研究計畫，藉由國衛院的論壇，提供了一個各領域專家很好的對話平台。我與團隊夥伴走遍全台各地，更匯集了國內外兒少保護各領域的專家、學者以及實務工作者，以各種視野角度及觀點，集思廣益，希望提出對策與政府公部門一起努力，推動全台的兒少保護。

長庚醫院向來極為重視社會公益之推動，近年來更在王瑞慧董事長全力支持下，每年以近千萬元的經費，推動全國兒少保護計畫，並與衛福部、警政署、法務部、教育部共同推動全國的醫師、社工師、警察、檢察官、幼教老師的研討會，除編製教材外，還藉由案例分享及再教育方式，讓不同領域的人能彼此分享經驗，拉近彼此的想法，才能共同為弱勢兒童建置更強的保護網。

很欣慰，我們看到了一些成果，全台各大醫院也紛紛設立了兒少保護中心，從通報、成案處置、追蹤及審判，慢慢形成了有系統的處理模式，尤其遭受虐待兒童的心理復健治療工作，雖然坎坷、雖然痛苦、雖然漫長，也漸漸受到相關單位的重視，見到了曙光。然而，我們依舊不能懈怠，因為兒少保護工作是場漫長而艱困的戰爭。

呂立醫師除了在台大兒童醫院領導兒少保護醫療中心的運作外，並積極以他親身經歷的案例，推動社會大眾對兒少保護的認知與重視，精神令人欽佩，這本鉅作就是他的心路歷程的呈現。

（本文作者為新北市立土城醫院院長兼長庚醫療財團法人兒少保護中心公益計畫主持人）

推薦序

# 把淚水轉成支持孩子的力量

——吳美環

進入兒科接受住院醫師訓練時，讀到經典兒科教科書上一段話：「兒科醫師要提供兒童最佳醫療，要協助孩子健康成長，也要為孩子發聲。」那時覺得兒科醫師的工作很多面相，很有挑戰性。

四十年過去了，兒童醫療及健康促進的兒科醫師角色，在台灣醫療環境下，多能達成。但在為兒童發聲的角色，卻很不容易。

呂立醫師擔任台大兒童醫院加護病房醫師及主任多年，不忍看到孩子們受到不當對待造成的傷害，多年前就決定為孩子發聲。和台大醫院一群熱心的夥伴，在台大醫院、政府及社會資源的支持下，成立了台大兒少保護醫療中心。希望能以兒少保護醫療專業及早偵測孩子受到不當對待的痕跡，避免再次受傷害，同時讓受傷害的孩子能在專業醫療支持下早日康復，也和其他相關事業擴展全面性合作，只希望能減少，再減少兒童受到不當對待的傷害。

這次呂立醫師要用這本書再為孩子發聲，書中每個孩子的故事都叫人不勝噓唏，痛心不已。我希望這樣的痛心，能喚起大家以更嚴肅地的態度來看待這重大的兒少保護議題。

這是本有淚有愛的書，願你我讀後可以把淚水轉成支持孩子的力量。因為，兒少保護必須全面啟動，你我都可以奉獻。

為孩子發聲，你我都有義務！

（本文作者為台大醫學院特聘教授、台大兒童醫院主治醫師、財團法人台大兒童健康基金會董事長）

推薦序

# 保護兒童是最美好、最重要的事

——夏紹軒

*To look for what is beautiful is its own reward.*

*Nina Fawcett in*（電影：失落之城）*"The Lost City of Z"*

《親子天下》寄給我呂立醫師的兒少保護醫療現場紀實書《聽，傷痕在說話》，文中有血、有淚、有辛酸、有奮鬥、有失落、有對策，我讀後久久不能自己，覺得必須有些回應。

很巧合的，我跟呂醫師在職業生涯上有雷同之處：同樣一個學校畢業、同一個醫院接受兒科的訓練。取得專科醫師之後，進修新生兒科作為次專科，然後轉到兒童危重症、兒童呼吸治療、兒童長照、兒少保護的軌道。在二十年前兒少保護還未受到注意的時候，就已經默默的在此領域中努力耕耘。我相信我們有相同的信念：「兒童是人類所有最珍貴、最應該被保護的事物，沒有之一，但也是最脆弱的，包括他們的身、心、靈，一旦受到傷害，就會留下身心不可磨滅的傷痕，甚至扭曲人格與喪失生命。保護兒童是最美好、最重要的事，即使再嚴密、再小心、再努力都不為過。」

然而，我們也早就覺悟到並不是所有人都這樣想的。在這個新生兒只剩下十五萬／年，人口呈現負成長的國家，兒童死亡率遠遠高於情況相當的國家如日本、韓國，每年仍有幾百個兒童因為各種非疾病的因素（包括加害、事故傷害）死亡。如果大家還是認為照顧整個兒童群體仍然可以像現在一樣，粗放式的、撒錢式的、應付式的、膚淺式的進行，那整個國家民族的前景無疑是很悲觀的。

且讓我舉一個例子：醫療文獻告訴我們，熱源的溫度與接觸時間，與燙傷嚴重程度有非常重要的相關性，所以當美國的社工接獲通報，去辨識與評估疑似受虐被熱水燙傷的兒童時，除了檢視熱水器設定的溫度與可能接觸時間對照外，還要記錄熱水龍頭打開後，從〇～一八〇秒的水溫變化，還要一面放水一面沖馬桶，看看水溫是否會突然變熱？如果是在盛滿熱水的浴缸裡燙傷，則要記錄浴缸水深，並記錄二分之一的深度，從〇～三〇分鐘的水溫變化。

以上這樣細緻的處理流程，不只是在兒少不當對待四大分類（身體虐待、精神虐待、性虐待、疏忽）而已，如同呂醫師書中所闡述的，對於所有與家庭、兒少權益相關的事情：兒童友善醫療、兒少表意權、物質濫用、亂倫、產後憂鬱症——殺子自殺、創傷知情、兒童安寧醫療、親子關係……等，整個體制都要用同樣的態度去慎重面對。

我深切的期盼，讀到這本書的讀者，不是窺視他人的痛苦、不是發掘社會的黑暗面、不是嘲弄政策與法律的失效、更不只是悲天憫人，而是真正了解到，許多無助的兒童，需要社會上每一個人在每一個地方、每一個時刻、每一個面向上面，多留一點心、盡自己的本分去維護他們的權益。

（本文作者為長庚大學醫學系副教授、林口長庚紀念醫院：兒童呼吸治療科主任、兒童加護病房主任、衛生福利部107-111年度「推動兒少保護區域醫療整合中心計畫」主持人）

推薦序

# 終結暗夜哭聲，保護兒童從建立友善育兒環境開始

——白麗芳

我認識呂醫師超過十年，即便看過這麼多受虐孩子沒有得到應有的照顧，他想要保護孩子的心卻從來沒有因此而消退過，也不曾被挫折擊倒；而我們每每看到孩子因此失去生命，總會不禁思考，到底是哪個環節出錯了？不然怎麼會在兒少保護網中，各個專業都在自己的崗位上努力著，卻依然得不到想要的結果呢？

大約五年前，兒盟開始邀集司法、檢警、醫療和社工的夥伴一起討論兒少保護該如何跨領域的合作，本書有不少的例子可以看到，施虐背後往往有著複雜的成因……。

「如何讓照顧者打開心門，得到所需的協助。」

「在驗傷採證方面能怎樣做到更加完備與即時，才能在最後的司法系統得到相對應的裁判。」

「身心受創的孩子該如何復原？將他們長期安置是最適切的安排嗎？到底照顧者要調整到怎樣的狀態，孩子才能返家呢？」

每個問題都沒有簡易的答案，我們在這條漫長的道路上，只能不斷地倡議、提出政策建議、精進服務，持續地攜手並進，為受虐兒少發聲。

但當跳開兒虐議題，我們更根本性地來探討台灣父母教養子女的現況，會發現台灣對於「零體罰」的想法，如果法規規範的是家外環境（學校、機構），認同度普遍是高的。但若談到想限制家長管教孩子的方式，就有很多疑慮，兒盟調查中發現，有六成多兒少的體罰經驗來自家中，這還不包含被家長嚴重辱罵或疏忽照顧的部分。但令人安慰的是，我們也發現到，支持體罰的家長從二〇一四年的四十五％，到了二〇二一年降至二十五％，顯示出愈來愈多家長開始理解管教不等於體罰，體罰與不當管教影響的不僅是親子關係和孩子的自我價值感，長期也影響了兒童長大後的人際與親密關係。

我們樂見愈來愈多家長的觀念正在改變，只是當生活壓力滿載，照顧孩子的教養困境和疲憊仍然挑戰著家長的情緒管理，如何在這樣的處境中不對孩子失控，除了學習更多正向教養的技巧之外，創造更友善的育兒環境至為重要！我曾經在擠滿人的捷運電扶梯上看到辛苦的媽媽背著東西，兩手各牽著一個幼兒，但後面的人卻大聲的說：「妳擋到路了，可不可以把孩子抱起來？」或者是在遊樂場看到大哭大鬧的孩子卻說：「可不可以好好管教你家的孩子？」如果大家都能更體諒家長的辛苦，伸出援手，用關懷代替批判，遇到陷入困境的家庭，也可以鼓勵他們尋求專業的協助，發揮同村之力養育孩子的精神，期盼不再有無助、受虐的孩子哭喊而無人聞問，大家共同營造一個讓孩子們得以快樂成長的社會。

（本文作者為兒童福利聯盟執行長）

推薦序

# 助寶貝走出陰霾 重建原生家庭功能

——家扶基金會

在台灣早期社會民風普遍存在「天下無不是的父母」、「法不入家門」的觀念，為了援救遭受不當對待的孩子，家扶社工當時要面對被恐嚇、被攻擊等威脅，而這些恐懼對於被暴力對待的孩子而言，他們的情況更加難以想像。

一九九二年底，一名家扶幫助的棄嬰張靜，未滿一歲患有心臟病而急需開刀，卻找不到監護人簽同意書，為搶救孩子生命，家扶發動連署並走上街頭，獲得全國十四萬人響應，間接推動了《兒童福利法》於一九九三年修法通過。政府有義務介入兒童受虐事件，負起保護兒童的責任，公權力的保障也讓社工進入家門內救援兒少之路，於法有據、漸露曙光。

從張靜的事例中可窺見，兒少保護是一涉及社會工作、醫療、司法、警政等跨專業合作的工作，要編織綿密的安全網，實仰賴網絡間的密切合作。二〇一七年家扶基金會發布《台灣兒少權益白皮書》呼籲政府應提高兒少預算，重視死因分析及提升兒少參與權。時擔任台大兒少保護醫療中心召集人的呂立醫師，也與家扶一同呼籲借鏡國外檢視包括死亡證明、生前就醫紀錄與病例，從各種紀錄的比對來推敲孩子生前受照顧情形。

在持續倡議下，二〇一九年於《兒童及少年福利與權益保障法》已修法通過六歲以下兒童死因回溯分析並定期公布分析結果。呂立醫師是家扶基金會在兒保服務的醫界好夥伴，協助許多專業上寶貴的建議，也授課幫助社工了解如何分辨兒童受虐傷勢，在兒少保護層面致力促進跨專業間的交流。

本書從四大兒少不當對待類型，以兒科醫療中遇到的真實事例，期望以醫界之觀點促進對議題的重視。為幫助遭受不當對待兒少走出陰霾，並幫助原生家庭重建功能，家扶基金會「彩虹屋——心理創傷復原服務方案」陪伴兒少從創傷中復原、「用愛包圍服務方案」進入服務家庭提供親職教育示範等，協助豐厚親職技巧及照顧能量。然而走出創傷的路很漫長，事前預防更勝於事後治療，家扶更積極推動兒少保護宣導服務——快樂親子「不『閉』打小孩」、「兒保好鄰居」等，皆認為愈多人關心，愈強化兒少安全網，這與呂醫師於書中所疾呼一致。

在兒少保護的未來之路，本書也提供瑞典及美國的兒保工作模式，為完善台灣的兒少保護網提供思考。近年家扶基金會所推展社區興力計畫親子活動、弱勢家庭到宅育兒指導、非營利幼兒園等，期盼繼續強化與預防。本書適合所有關心兒少未來的人閱讀，也期望一同成為「兒保好鄰居」，讓台灣兒少的幸福能如黎明的光，愈照愈明。

推薦序

# 將淚水阻絕在醞釀之前

——蘇巧慧

在這一長串案例上，是一顆顆蒼白而滲血的珍珠！呂立醫師筆下的每一個兒少虐待「故事」都如此摧人心肝，也令人低頭沉思。摧人心肝的是照顧者施虐的無知與偏執，沉思的是社會安全網的氣力與智慧。

呂立醫師試圖喚醒的，不僅是對兒少保護問題的重視，更是對於制度如何修繕、網絡如何能更結實的改變力量。兒少虐待的型態很多樣，有時甚至讓孩子活著都只是奢求，正因為如此，支援系統必須謹慎綿密，處遇需要投入精力，小心應變，而且受虐兒少面對的除了創傷的醫療，心靈復健更是漫漫長路。

所以我們必須要共同努力，將台灣兒少保護網拉得更長更廣，從生育準備到家庭支持，促使更多角色投入系統中，還要更加厚實這張網，承接不幸的孩子，將淚水阻絕在醞釀之前，用擁抱釋放受傷的心靈。

（本文作者為立法委員、水獺媽媽巧巧話節目主持人）

自序

# 織就綿密的兒少保護網，少不了你的參與

我在兒童加護病房工作超過二十年，從前，我覺得每位家長應該都很愛小孩，看小孩白胖胖的臉蛋，多麼惹人憐愛，為人父母者應該都非常疼惜自己的孩子。

踏入兒少保護醫療領域之後，我對於親子關係、對於人性的想法不再那麼理所當然，因為我慢慢發覺有些人生養小孩的動機、做法，與一般人所理解的常識、共識相去甚遠，有些照顧者會隱瞞真相、欺騙醫護；有些對於發生在家裡、沒有外人看到的事，描述得避重就輕。在醫院裡看到孩子被「人」傷得這麼深，甚至讓我把「照顧」的標準

拉得很低——先別說多愛孩子，只要給他們最基本的照顧就好、讓孩子活著就好，即使如此，很多照顧者卻連做到這樣都有困難。

## 兒少保護工作需要主責單位、更需要整合

兒少保護的議題，很容易因為未成年者沒有選票而遭到忽視，只有兒虐案件發生時，輿論沸騰之際，才會受到注目，但平時真的沒有受到足夠的重視而為兒少發聲。兒童常被視為大人的附屬品，很多該落實的政策，積極推動的力量不足。過去在行政院，設有專門的「兒童局」，那是許多人奮鬥多年促成的專責單位，後來在政府組織改造的過程中熄燈，併入新成立的「衛生福利部」，相關人力打散到不同的下轄單位，實則變成沒有主責單位，大家都只做一部分。

還好衛生福利部二〇一三年成立時，第一任心理及口腔健康司的司長陳快樂，即是兒童精神科醫生，她非常關心兒少保護議題，於是就找了幾位關心兒童醫療的醫生，我當時也有機會一起參與，大家在會議中討論該為受虐和疏忽照顧的孩子能多做些什麼、

資源夠不夠、下一步怎麼做，我覺得那是一場對現行兒少保護醫療工作很重要的奠基會議。

早期我們兒科醫生發現疑似兒虐個案，能做的就是通報「一一三」，再由家防中心進行後續處理。可是我看過非常多的例子，不知道為什麼沒能及時接住孩子，有些一開始就沒有被發現、被通報，當然無從處理。但有些案例是已經通報了，還是無法保護孩子，受虐兒少的數量並沒有因為通報了而減少。

大家都在努力，但沒有打中要害，那個要害是去改變孩子受照顧的模式跟環境，不只是告訴照顧者「不要打」，要從「幫忙」的角度，去改變那個家庭。

## 受虐兒承受的是一輩子的創傷

受虐兒除了看得見的身體傷痕，更令我關注的是那些埋在心底、看不見的傷，對這些孩子來說，那是生命難以承受之重，也許一生都要與其童年的創傷經歷搏鬥。孩子受虐時年紀小，無法清晰辨識、描述自己的心理感受，等到孩子成熟到能陳述自己的心理狀態，或旁人發覺其行為異常時，往往已經太遲。

在兒少保護資源投入不夠的現實下，台灣的受虐兒很多只能靠自己「療傷」，有的孩子的心理韌性強大，有辦法自我修復，而有些則需要生命中重要他人的協助，例如長期陪伴的社工、值得信賴的親友支撐著孩子。

多數的孩子沒有這麼幸運，往往在結案以後，一扇一扇門窗陸續關上，孩子回歸到原來的照顧環境，可是那環境仍然沒有準備好。我們常聽到照顧者說「我保證不會再打小孩」，但他自己可能就是從小被打到大，只會這一招，沒有學過、看過別的正向教養方式，如果無法積極幫忙這樣的家庭，誰能保證沒有下一次？

人沒有這麼容易改變，不可能透過幾堂的親職課程就學會正向教養，也無法單憑幾次的心理治療就改變一個人的行為、性格。在兒少保護醫療現場，我們常接到反覆受虐的孩子，我們拚命的救，但孩子不斷被打，最後有時依然無法避免受虐致死的遺憾，那麼我們那麼努力的真正效果在哪裡呢？

## 不夠綿密、堅實的保護網，會漏接孩子

這是當《親子天下》來找我出版一本兒少保護議題的書籍時，我最想倡議的價值：台灣的社會需要織就一張更好而完整的兒少保護網絡，保護兒少不能只有社工或醫療人員，而是整個政府與社會要動起來，包括警政、司法、教育、社區系統等，甚至每一位民眾都可以是接住孩子的捕手，透過不同專業的參與、合作，我們的兒少保護網才能不漏接孩子。

因此，在這本書中，我分享了曾參與或接觸過的兒少保護案例，希望透過一個個真實卻令人心痛的故事，召喚各政府系統、整個社會大眾共同來關心受虐兒及其家庭。希望大家看完了故事，除了為這些孩子嘆息之外，還能更積極地產生改變的行動。

這本書形成的過程中，編輯曾問我：「呂醫生，看到一次次被救回的孩子，最後到你手上卻還是被打死，你怎麼有辦法一直做這個工作呢？」我記得當時的回答：「我們就是盡力做我們能做的事。」所以，我相信你和我一樣，都能為兒少保護工作盡一份力。

至於你我能採取的行動，書中我提出了一點建議，同時也提供外國他山之石如何以政府與社會力量來保護兒童。

## 兒少保護醫療不能只是「專案」計畫，需要永續

目前已在幾個大型教學醫院中設有兒少保護醫療中心，當政府有這筆專案預算時，就能支持中心的運作，但前幾年這幾個兒少保護醫療中心曾經中斷過，而我所屬的台大兒少保護醫療中心在即使政府沒有專案預算的支持下，我們仍然想辦法維持運作，一直沒有中斷。

而不論是陪伴受虐兒，或是要輔導施虐者學會正向教養，都像是一場馬拉松，需要很長的時間才看得到家庭的改變，所以，我很希望整個兒少保護醫療不再只是專案型的架構，有錢才做，沒錢就割捨。保護兒少需要各種專業，每一種專業的經驗更需要被傳承，面對兒少保護的通報，更不能只有是否要帶走孩子的思維，而是從積極幫助一個家庭的角度思考，協助照顧者擁有正向教養、建立幸福家庭的能力，讓每一個孩子都能安

心的長大。

最後，我想說的是，在這本書的發言僅是我個人意見，儘管如此，我仍試著分享兒少保護醫療工作一路走來的觀察，即使微小如蚍蜉撼樹，仍期待成為推進、改變制度的力量，也期待打開這本書的你，讓我們能站出來一起關心與支持兒少保護工作。

# 醫病之外，我更想治孩子的恐懼

文／李翠卿，摘自《親子天下》雜誌91期

台大兒童醫院兒童胸腔加護醫學科主任呂立的辦公室很小，裡面堆滿了數量驚人的資料、書籍，還有許多可愛的絨毛娃娃。

「那隻是急救小熊，這隻則是氣切恐龍Toby，你看它喉嚨上有氣切，接著發聲器哦。」習慣跟小病人對話的呂立，說話語調有一種輕盈歡快。

呂立是台灣兒童友善醫療的先鋒，醫病之外，他更想治療孩子的恐懼。兼任瑞信兒童醫療基金會執行長，他參與打造台大兒童醫院的軟硬體，引進小丑醫生、藝術治療、音樂治療。

為了讓受虐兒得到更全面的照顧，他率先在兒童醫院成立了「兒少保護醫療中心」，更辦起全台灣第一個聯合門診，一次召集四位專家為孩子做全面評估。他也開始推動「兒童安寧」。

呂立選擇資源少、壓力大、又「不賺錢」的兒童加護病房，和他困頓的成長歲月相關。「曾經有段時間窮到一家人只能棲身在破舊的小旅館，甚至連吃飯都有問題。」呂立回憶。但正因為這一段歷程，讓他更能共感病童和家長的痛苦與匱乏。

雖然極其喜歡孩子，但是呂立至今還是單身，標準工作狂的他，就連週末也要開會，曾有人幫呂立安排相親，相親飯局上大家高談股票，但因為他前一天為了急救病童徹夜沒睡，竟然聽到當場睡著，後來大家也就不再勉強介紹對象了。

對於沒有「自己的」孩子這件事，呂立只是淡淡笑說「不用強求」，因為，現在每天都有那麼多亟需幫助的孩子等著他去照顧呢，這樣，就已經夠滿足了。

## Q 談談你自己的成長過程。

A 我在美國出生，爸媽都是公費留學的窮學生。我一直到小學三年級才回台灣，只會講英文，唯一知道的中文，是媽媽在飛機上教我的「謝謝」。

雖然我爸媽都是知識分子，但是後來兩人相繼生病，無法正常工作，我家其實算是滿窮的，有段時間甚至窮到沒地方住被趕出來，一家人只能棲身在破舊的小旅館，甚至連吃飯都有問題，後來是靠著親戚接濟才能勉強度日。一直到我當上了實習醫生，家中才算有穩定收入。

**Q 小時候這麼苦，你為何要選擇資源少壓力又大的科別？你都沒有一點「補償」心理，去選其他收益多、壓力也較小的科別過「好日子」嗎？**

A 那些歷程對我而言，其實算是一種鍛鍊，讓我更能體會到別人的痛苦與匱乏。而且，既然那麼困苦的狀況我都可以過了，就表示我其實不需要這麼多錢也能活得好好的。

記得全家住在小旅館時，因為沒什麼課外書可看，我都會去撿報紙，把副刊裡那些勵志的文章剪下來，鼓勵自己。一直到現在，我還是很喜歡勵志書。這世上，很多事物的「美」是跟物質沒有關係的。小時候家裡沒錢，但我媽常帶我去逛故宮、美術館，所以我一直很喜歡老東西、古蹟、遺址等，大學畢業以後，我曾花一個月時間搭公車環島，住最便宜的旅館，到處去看台灣的老房子、拍照，那些東西都極其美好。如果我這輩子沒學醫，我會去念考古系，我對賺大錢並沒有那麼多欲望。

Q
## 你最初為什麼會想要走兒科加護病房？

A
我覺得小孩子很天真可愛，難過就哭，開心就笑，我念醫科時就決定要選小兒科。當住院醫生時，曾在加護病房照顧一個敗血症的孩子，情況很不好，已經插管，才一、二歲而已。我在旁邊煩惱著他的生命徵象，突然間，他竟然給我一個微笑，我很震驚，在那麼嚴重的情況下，用了那麼多抗生素、強心劑，他竟然還有辦法笑？小孩的生命潛能真的很不簡單，我覺得一定可以為這樣的孩子做些什麼。

現在台大專職的兒童加護病房主治醫生不到三十人，當年更少，有很長一段時間，甚至沒有專屬的兒童加護病房主治醫生，但裡面收治的都是各科的重症小孩，很多都有生命危險，大概二十個孩子中有一個會過世。

後來，我決定走加護病房，因為沒有人要做這個。有整整六年，我是兒童加護病房「唯一」的主治醫生，壓力真的很大，三百六十五天、二十四小時都可能因為小孩急症要趕回醫院。

記得有一次有個孩子昏倒被送進來，發現心臟旁邊有大腫瘤，很緊急，必須開刀，那孩子的爸爸是個黑道大哥，撂狠話說：「如果小孩有三長兩短，你不要想活著走出台大醫院大門，你的家人也一樣！」我心裡其實有點害怕，可是腫瘤已經吃到心臟了，非開不可，結果孩子一躺下去就心臟停止，我臉都綠了，衝進手術室，試著用側身的方式，讓腫瘤不要壓住心臟，我們就這樣很神奇的在側躺姿勢下切完了腫瘤，後來那孩子活著出院，他爸爸跑來跟我道歉也謝謝我。

## Q 常遇到很難溝通的家長嗎？

A 他們的不講理，其實只是因為小孩重病心急，我可以理解。

有一個腎臟病的小朋友，他媽媽是那種草根性很重的鄉下媽媽，講話超直接也超恐怖，一急起來就破口大罵三字經，照顧那孩子的護理師、醫生全被罵哭過，逼得我們不得不每一班都換人去照顧。

因為她期待高，但又沒有相關的知識，只好緊緊抓住她經驗裡曾經奏效的那些東西，不但常常不遵從醫囑，還會強硬指揮「我要那個黃色的藥！」「要那個透明的藥！」腎臟科醫生完全壓不住這個媽媽，每次去都被罵祖宗八代。

有一次因為又不配合醫囑，孩子肺水腫很嚴重，開始喘，情況很緊急要送加護，但媽媽又跳出來說她不要插管，我看情況不對，就很嚴肅跟她講：「你如果不要，那就只好轉走，不然就是照我們的話做！」她這才「惦惦」，但還是說：「插就插，但小孩出事你要負責！」我回答她：「我沒法保證，但我一定用心照顧。」

後來那孩子拔管後離開加護病房，經此一事，那個媽媽把我歸類為「救命恩人」，如果不是我出面，就照樣鬧得雞飛狗跳，我只好繼續擔任她跟其他科醫生之間的緩衝，說服她接受專業建議。很可惜的是，在我出國一個月後，那孩子就因為感染的問題，最後還是死了。

我不知道那個媽媽之後怎麼辦，她全部的人生就是這個孩子，這讓我有很多感觸，也體會到跟家長的溝通真的很重要，醫生永遠要冷靜，若自己都慌了，家長怎麼辦？若無法說服家長什麼是對孩子最好的，那孩子就無法得到最好的照顧。

Q **你怎麼看待死亡這個議題？如果孩子實在無法醫治，你的態度跟做法為何？**

A 一般我們談到醫療，都是談藥物啊、手術啊、診斷啊，很少談「人性」，但我覺得生死是人性的問題。

以前末期腫瘤的小朋友，最後都會轉到我們加護病房，躺著做好幾個月治療，最後死在這裡。以前我們都被教導「只要還有心跳就絕不能放棄」，所以我們可能會拚命急救三天，弄到小朋友身體腫成兩倍，最後全身發紫走掉，但，這樣真的是好的嗎？

後來我去波士頓兒童醫院看，他們末期是不進加護病房的，而是做兒童緩和安寧醫療，他們要給孩子的是「最好」，而非「最多」的治療。

成人安寧努力在談的是「善終」，這很重要，但兒童緩和醫療，「生活品質」才是最優先的事，而且應該在孩子「有高風險疾病」時就介入，因為小孩子變化很大，你等他快死了再來做，大部分孩子都沒機會得到照顧。

## Q 你會跟可能會走掉的小孩談死亡問題嗎？

A 還是要看孩子的需求。孩子沒有要接受時，不用硬塞那些知識給他說你要死了；但是，如果孩子已經意識到死亡，我們就不能糊弄他。

當小孩問：「叔叔，我什麼時候會跟隔壁床的小朋友一樣走掉？」家長都會打斷：「你不要烏鴉嘴！」但其實這表示小孩子已經開始思考到這個問題，你要好好跟他談，用孩子懂的方法來跟他解釋「死亡」這件事，不能只是一直跟他打馬虎眼，這樣他會把問題藏在心裡，自己害怕得要命。

二〇一二年，我們成立「兒童安寧緩和醫療整合照顧小組」，是一個跨專業的團隊，有醫生、護理師、心理師、社工師、宗教師、藝術治療老師、舞蹈治療老師、兒童醫療輔導師，幫助臨終的小朋友。

有個小朋友才五歲，有一天他畫了一張圖，有個小天使，「這小天使是我哦。」「我以後要去天堂！」還畫了小魚缸、小狗、氣球還有大太陽，「這些要陪我哦！」令人不捨，但至少不是充滿恐懼。

## Q 你為何這麼重視兒童友善醫療？

A 我在加護病房，每天聽到的就是孩子的尖叫跟哭聲，「我不要打針！我要回家！我要爸爸媽媽！」每個新入院的孩子都會這樣，這就是「加護病房症候群」，那是一個創傷經驗。你想想，你身上插滿管子，有時還會被綁起來（怕自己拔掉管子），有些人一躺就是一星期、兩星期，這真的是很可怕的經驗，我曾遇過一個小女孩，從頭到尾每天麻醉，她回家以後，每晚都尖叫作噩夢，有些小孩進出加護病房後，回到家嚇到連爸媽都不會叫了。我們明明是在救小朋友，為什麼之後反而帶來創傷？

台灣以前要幫小孩打針，就是很多人壓著小朋友打，盡量不要讓媽媽在旁邊看，免得她也一直哭。我們都是用很強制的方法來讓孩子接受治療，這都會形成創傷經驗。

我去看波士頓兒童醫院，他們知道醫療過程會發生很多讓孩子害怕的事，會用孩子懂的方式，讓他們學習用正向的態度來面對治療與疼痛，陪伴這些小朋友跟家庭度過這些恐怖經驗。他們的兒童醫院有魚缸、動力火車，小貓、小狗、小猴子、變色龍這些動物也能到醫院陪伴這些小孩做輔助治療，還有四十個專人，用遊戲、繪本和各種方式來幫助這些孩子。

我親眼看到一個五歲的小孩很鎮定伸手給醫護人員打針，還說：「叔叔，你要打哪一條？」當小孩不害怕時，就可以減少很多不必要的麻醉等需求，降低風險，也降低創傷。

我回國以後，發現怎麼什麼都沒有，因為硬體比較容易，我從硬體先切入。所以才有瑞信那八個（遊戲室）空間。不過，最大的困難是沒有專業人員，我們當然知道要對小朋友好、要有愛啊，但這樣土法煉鋼不行，還需要有專業的技巧跟方法，不是一直「秀秀」孩子就可以，所以我才會跟基金會講說我需要派人出去學。只是做這些都要錢，我之前跟非常多單位做過簡報，大家都覺得好感動，但後來都沒有下文，畢竟這些都是「看不見的」，一開始的確有一些困難。

Q **這是一條資源少又辛苦難行的道路，你為何能甘之如飴？**

A 我的人生觀就是 Robert Frost 那首詩講的，黃樹林裡兩條路，我想選擇的是那條人跡較少的路。小孩子的潛力很大，你幫助這個小孩一、兩年，他將來長大，就可以發揮自己的能力、價值，對社會產生貢獻，這是很值得的。

和大人不同，小孩的肺會長到八歲，他是很有機會可以復元的。但以前還沒有兒童呼吸照護中心時，做過氣切的孩子若沒辦法回家照顧，就只好去安養中心，可是安養中心的資源根本無法妥善照顧這些孩子，一切只能看小孩自己「造化」，不管他是什麼病，很多都會在一年內死掉。

我們跟台北市政府「盧」很久，後來才成立兒童呼吸照護中心，這些孩子都歷經了可怕的挑戰，好不容易搶救回來，我們希望他最後可以「復能」，恢復正常生活，發揮他最大的生命價值。

我們照顧過曾經氣切的孩子，有人後來康復了可以打籃球，有人後來還念到了博士，重新擁有很不一樣的人生，這就是這個工作的意義啊。

# 序曲

# 提一盞燈

面對兒虐，我們除了憤怒、除了嘆息，還有更多的選擇，每一個的關心與協助，讓失控的照顧者知道，他們有比暴力更好的選擇；讓陷入絕望的照顧者明白，他們並不孤單。也只有這樣，我們才能期待在每一次關上大門之後，不再聽到孩子的哭喊聲。

# 眼淚之前 VS. 句點之後

當家門關上以後，門內到底發生什麼事情，外人無從得知，更多的兒虐案仍遮掩在家門之內，未受到揭露與關注，不為人知的黑數，恐怕要多出好幾倍。

關於開場，總是讓人為難的，因為你清楚知道拉開布幕之後會顯現什麼！那是命運舞台最讓人不忍卒睹的生命群相！

作為楔子，我想先說個第一線社工人員告訴我的故事，稱為「故事」也許不那麼恰當，因為故事總有結局，而且可以期待HAPPY ENDING。但當你從第一線社工聽到的、理解的狀況，卻是每個案例中的孩子都是真的受了傷，不管是留在身上的，還是留在靈魂深處的。這些傷痕描繪出社工們處理兒童虐待、家庭暴力案件時，時常面對的場景，也從此帶出兒虐的幾項關鍵問題。

某社區裡有一戶人家傳出打罵聲，小孩持續的哭喊驚動了鄰居通報，社政單位指派社工前往這戶人家進行家庭訪視，試圖透過晤談理解他們是否需要資源和協助，其中最重要的任務，就是確認孩子是否安全。

在社工按響門鈴後，出來應門的是媽媽與一名大約三歲的孩子，孩子抱著媽媽的大腿、躲在媽媽身後。對社工來說，這樣的肢體動作可能透露出恐懼，也可能是見到陌生人的害羞或警戒。

社工依據先前預做的準備和周邊訪查，觀察環境，並分別與媽媽、孩子談話，詢問小朋友的生活情況、平常由誰照顧、身上幾處瘀青是怎麼造成的……。根據母子兩人回答的內容，以及應答時的態度、互動的情況。社工認為，媽媽說孩子很皮、常碰撞受傷，而從傷勢和受傷部位看來，「跌倒去磕著」這樣的解釋還算說得通，孩子在面對社工做陳述時，也沒有很恐懼或負面的情緒。社工還發現，母子互動看來沒有什麼太過反常的地方，「孩子抱著媽媽的腿，這代表他對媽媽有足夠的信賴，才會在緊張的時候抱著媽媽、躲在她後面。」社工如此描述。

於是，社工做出「依附關係良好」的初步結論，意思是幼兒與主要照顧者之間的親密關係、連結看來很正常，當孩子碰到有壓力、感到焦慮的情況，會很快靠近照顧者尋求安撫。

## 人都還沒下樓呢

然而就在社工結束訪視，大門關起來後不久，屋子裡竟傳出打罵聲，同時伴隨著淒厲尖叫、驚恐的哭聲。據社工說，門才關上僅僅五秒鐘不到，他都還沒下樓呢，一切竟然風雲變色。

社工急忙回頭狂按門鈴和敲門，但沒有人來應門，聽著屋裡持續傳來媽媽的怒吼與打人的聲響，孩子尖叫喊著：「不要打我、不要打我！」三歲大的孩子已經能把話說得非常清楚，如此清楚又不停重複的四個字，像箭一樣地扎在隔著一扇門的社工人員心上。就這樣過了十五分鐘，持續的哭聲漸漸變小，慢慢安靜下來，此時門打開了。

媽媽開門後擋在門口連聲問社工：「你還有什麼事嗎？」社工當然想探詢孩子的狀況，媽媽只說孩子又在調皮搗蛋，所以跌倒了才會一直哭，現在已經沒事了。社工從門外張望，沒看到孩子，一時間也無法確認孩子是否安好，媽媽堅稱孩子沒有受傷，更拒絕再讓社工進門，然後門又被媽媽匆匆關上了。

從這則令人扼腕的故事中，可以看出幾項兒虐事件值得關注的焦點。

## 冰山下的黑數　聽不到的求救聲

當門關上以後，到底發生什麼事情，我們無從得知，這是兒虐、家庭暴力事件最無解的一點。根據衛生福利部最新統計，二〇二〇年兒虐通報案件有八萬三千多件，比前一年增加一成；平均每七到八分鐘，就有一名未滿十八歲的兒童或少年被通報疑似遭到虐待，或是在照顧上有所疏忽。然而，這些受理案件數只是冰山一角，更多的兒虐案仍被關鎖在家門之內，未受到揭露與關注，所以不為人知的黑數，恐怕要比已知案例多出好幾倍。

## 社工是人，不是神

在大門內發生了什麼事？孩子是遭受到身體、精神虐待抑或面對更致命的情況？虐待是否持續發生？家長或照顧者遇到了什麼困難？這有很多面向，根本無法透過社工一、兩次的訪視就能探知。也許家長或照顧者真的別無他法，他們受限於本身的能力、精神狀態或自身成長的經驗，不知道也沒有學習過暴力以外的其他教養方式，也未尋求專業建議來解決他碰到的困難，只好持續使用暴力讓孩子就範。所以，社工在個案家中停留時看到的安靜、沒有紛爭，極有可能只是表面，不見得代表孩子真的獲得適當的照顧。

這當然不是社工的錯！兒少保護的社工真的很辛苦，他們是核心保護兒童的第一線人員，如果孩子很安全，也不會有人知道兒少社工付出了多少心力，他們的努力無人知曉，一旦出事以後大家就群起責怪是他們的疏失。社會大眾並沒有公平地了解社工的付出，他們沒有閃亮的勳章，有的只是徘徊在門外的憂心與恐懼。

我很清楚社工們面對很多難處，畢竟家不是公眾場所、沒有監視器畫面，門關上以後的事情，社工再神也不可能完全知道。

像上述的個案是由鄰居通報，這類鄰居反映「一直聽到小孩哭聲」、嫌吵的通報案件，常稱為「哭哭案」。這種案件本來就有其難度，有時通報人甚至不清楚是哪一棟、哪一戶發生疑似兒虐，一句：「我住在某某區、某某路，附近有孩子在哭，你們趕快來！」社工就必須出動，在區域內查訪。

此時鄰里長的協助就很重要。依照《兒童及少年福利與權益保障法》，鄰里長也是「責任通報人員」，理論上他們對於社區的情況比社工更熟悉，所以只要社工一開口問，他們馬上就能回答：「有啦！我知道啊，那一家的小孩子常常被打到爆哭啊！」但鄰里長面對這些狀況，往往比較被動，其實如果相關通報人員知悉鄰里有受虐兒但未通報，這是有罰則的，可是里長未必是知情不報，或許是得維護社區人際網絡，他們或許也有其為難之處。

就算知悉確切的個案門牌，前往查訪後，家長若稱沒有不當管教，是小孩黏人、愛哭、有起床氣，很有可能被歸類成「誤報」。就如同前面的例子，社工人員有時真的很難確知個案家中的真實情況。

在家長、照顧者初次見到社工，還沒建立起足夠的信任關係時，往往會先出現防衛反應，這都很常見；多數人都不太會對陌生人吐露家暴實情，所以這些照顧者會否認自己或孩子需要幫助，也很常見。所以社工總是要不厭其煩地強調不是來責罰家長、不會無故強行帶走小孩，讓家長明白自己是來提供資源、協助，一起來幫忙看看，如何能好好照顧孩子？只有雙方先建立起良好的連結，才可能逐步一起面對與處理問題。

儘管門後的真實情形難尋，有不少誤報的情況，甚至更多是介於是否為「不當管教」的模糊地帶，但多數社工仍認為，民眾察覺有異狀還是先通報為佳，社工們寧願白跑，也不願漏接任何一個孩子。訪視後若有需要開案，藉以透過追蹤來提供後續資源協助，社工會擬定「安全計畫」，一起約定如何保護孩子免於受到傷害，比如與家長一起討論目前家裡的情況、碰到的困難、有哪些地方可以改善、怎麼照顧孩子會更好。

## 鄰里關懷織就保護網

雖然說每個年齡層的兒少遭受虐待狀況都應該受到重視，但學齡前的幼兒更需特別注意。這個年齡段的孩子，生活空間以家庭為主，照顧者若沒有帶孩子出門，就不會有機會與社區產生連結，受虐情事通常也不容易為外界察覺，使得小小孩身處在可能危險的環境裡，而保護網無法顧及；加上施虐者通常是孩子的父母親或主要照顧者，往往都是在孩子受虐程度嚴重到必須出外就醫時，悲劇才被揭露，但為時已晚，受虐者已留下永久性的傷害，甚至死亡。過去有研究顯示，重大兒虐案受害者的年齡分布，有高達九成是在六歲以下，八成在三歲以下，顯示出這是最脆弱、死亡率最高的一群。

從本文一開始提到的案例可得知，孩子和媽媽之間還是有不少互動，原因在於這位照顧者可能是孩子唯一的家人；或者以小家庭為主的社會來說，她是孩子為數不多，而且常常見到的家人之一。所以就算照顧者表現很糟糕，孩子可能也未必有這樣的體認，畢竟孩子必須依賴著照顧者才能生存，更有甚者，在這些孩子的小小世界裡，還以為所有人的家人、家庭關係皆是如此。

曾聽過一些比較大的孩子訴說自己的成長經驗，他說自己長大後才發現原來「我家很不一樣」。他從小看到爸爸回家時就是醉醺醺的模樣，對他來說這是「日常」，因為即使是這樣的父親，對孩子來說，仍是家人、一家的支柱、孩子的天和地，所以從未思考過這樣是否正常。在一開始講述的案例中，孩子會抱著媽媽的腿，呈現出來的「依附關係」，也許正是反應出這類狀況。

總之，已經上幼兒園或國小的孩子，具備比較好的表達能力，也較有機會藉由學校等制度內的通報系統察覺異狀；但學齡前、居家幼兒的保護，更需鄰里間社區的主動關心，雞婆一點的話，才有機會及時救得了孩子。

# 還有比暴力更好的選擇

嬰幼兒的生活起居完全依賴大人的照顧，如果主要照顧者只有一個人，孩子又特別活潑、好動、頑皮，或者需求比較多、比較敏感的話，照顧起來也會辛苦許多。在很疲憊的情況下，照顧者有時候情緒一波動，就會萌生「打下去最快」的念頭，因為打罵的效果最明顯，會讓孩子產生恐懼、疼痛，然後立刻停止原本的行為，這會讓照顧者逐漸依賴打罵的方式來管教孩子。

暴力或許能快速達成施虐者的目的，讓孩子嚇到或痛到停下手邊的動作，但問題終究沒有解決。孩子也許一時會如照顧者期望的那樣停下動作，但他們學到、理解的只是如何避免再挨打。沒有人告訴他們會挨打的原因，孩子也無法明白自己原本的行為為何不當、要如何改變；而同樣的，對照顧者來說，打罵無法了解孩子的需求與思考如何滿足他們，所以問題並未解決。

孩子的行為能不能透過其他方式制止呢？答案絕對是肯定的，舉例來說，孩子哭鬧不休，除了尿布濕、肚子餓、想睡，還有沒有其他原因呢？當然有，新手照顧者知不知道呢？或許需要有經驗的人來提點一下，問題才比較容易解決。這也是前面提到鄰居守望相助的重要性，不僅是指舉報兒虐，而是對於有幼兒的家庭多點關心協助，這樣就可以幫到媽媽爸爸，進而幫助到孩子，更重要的，是這樣一來會比社工更即時、更準確。當然，對於困難的高風險家庭，社工還是有其專業可以去連結資源，提供支持體系或經濟、照顧上的資源。

藉由社工，鄰里街坊的關心與協助，我們才有機會打開門，讓照顧者知道，他們有更多、更好的方式來照顧、教養孩子。也只有這樣，我們才能期待在每一次關上大門之後，不再聽到孩子受暴求救的哭喊聲。

## 大樓管理員也有責任

為建構社區化之兒少保護服務網絡，使兒虐案件得以及早通報，在二〇一一年《兒童及少年福利與權益保障法》的修法中，將職務可深入鄉間及都市基層、並熟悉社區住戶背景及生活概況之村里幹事，納入為兒保責任通報人員；而高風險家庭的責任通報，還納入公寓大廈管理服務人員，希望藉由給予社區人員通報責任，使兒少保護通報網絡更為周延綿密。

## 認識兒少虐待

根據衛生福利部編定的《兒少虐待及疏忽——醫事人員工作手冊》，兒少虐待與疏忽可以分為四大類：身體虐待、精神虐待、性虐待與疏忽，手冊中提供醫事人員對疑似兒少虐待疏忽個案評估時的簡易篩檢參考。

## 發現或遭遇兒虐時，4種求助管道幫助孩子

| 求助管道 | 求助方式 | |
|---|---|---|
| 一一三保護專線 | 1. 這是二十四小時不分縣市的家庭保護專線，同時遵循保密原則，不會任意向第三人透露你的個人資料。<br>2. 如果發現身邊有兒童受到不當的對待，拿起手機或市話直撥「一一三」，就會有專業值機的社工人員在線上與你對話，提供你相關的諮詢、通報、轉介等專業服務。<br>3. 如果是聽／語障礙的人，可以傳簡訊至「一一三」或利用「一一三」線上諮詢，二十四小時的線上諮詢服務，填寫線上表單資料後，點選送出，即可立即送出對談的請求，之後系統會尋找合適的社工人員與你連絡，並提供諮詢。 | ◀ 113 線上諮詢服務傳送門 |

| | | |
|---|---|---|
| 關懷e起來 | 這是行政院設立的「社會安全網——關懷e起來」線上求助平台，進入這個平台可選擇要進行線上通報還是電話諮詢，求助後還能追蹤查詢事件受理狀況。 | ◀社會安全網－關懷e起來傳送門 |
| 各縣市警察局 | 如果發現身旁未滿十八歲兒童疑似遭受不當對待的情形，可撥打「一一〇」或直接前往警察局報案。也可下載「一一〇視訊報案」APP進行報案。 | |
| 各直轄市、縣（市）政府家庭暴力暨性侵害防治中心 | 各縣市政府設有家庭暴力暨性侵害防治中心，如果發現身旁兒少疑似遭受疏忽、虐待等不當對待情形，也可以直接連絡當地的家庭暴力暨性侵害防治中心給予協助。 | ◀各縣市家防中心通訊表傳送門 |

資料來源：衛生福利部「衛生福利e寶箱」、內政部警政署

# 父母擁有合法毆打孩子的權利？

台灣多年來透過倡議、立法推動「校園零體罰」，那麼，在學校不能打小孩，為什麼在家裡就可以？老師不能打，為什麼家長就可以？

啪！啪！兩聲清脆的巴掌聲在警察局內響起，隨之引爆的是一陣怒斥：「又當小偷！講都講不聽！看我把你手打斷！」暴怒的男人說完這句話後又揚手作勢要打小孩，傻眼的警察連忙起身阻止，把雙方隔開。

看到這裡，很多人想必都能想像這件事其中的前因後果！沒錯，一個十來歲的孩子，因數次在便利商店偷東西而頻繁進出警察局；接到警方通知前來的孩子父親，在痛心疾首的情況下，見到孩子就是賞他兩巴掌。

我相信很多人會認同這位父親的舉動，小孩不乖啊，該打！更何況偷竊是犯罪，孩子這樣的行為當然應該要被懲戒。

## 關於懲戒權

所以我想談談「懲戒權」！

自己的孩子自己教，多數人認為父母管教小孩是天經地義的事，甚至《民法》中還載明：「父母得於必要範圍內懲戒其子女。」賦予父母管教的權利，但是，為了管教小孩做什麼都可以嗎？

我們在懲戒孩子的時候，最先該問的問題是自己為什麼要這樣做？懲戒的目的是什麼？手段是否有效？在剛剛的案例中，失望憤怒父親的打罵，真的能有效改變這個孩子的慣性偷竊行為嗎？如果先了解孩子行為背後的原因，是不是更能幫助到孩子？在仔細詢問孩子為什麼要偷東西後才了解，原來他長期挨餓，身上又沒有錢，經過便利商店時，面對著開架的食物櫃，看到滾煮好的茶葉蛋，聞到各種熟食的香氣，勾人的食欲引爆孩子強烈的飢餓感，把持不住的他就順手牽羊了。如果我們沒有協助解決背後的原因，這樣無法幫助孩子改善他們的行為。

## 我是為你好

我曾看過一些高社經地位的家庭、高學歷父母，以「我是為你好」的理由責打孩子。這一類的父母對孩子的期望特別高，總是不吝惜地投入大筆教育經費，送孩子就讀收費昂貴的私校、請家庭教師、學才藝。從小嚴格要求他們的成績、品行，培養孩子的品味和專長，所以一旦孩子課業成績表現不如預期，就會遭受嚴格責打懲罰。

曾經有個孩子來就醫時，我們發現他身上的傷痕符合兒少身體虐待，疑似遭到暴力不當對待，所以我們便通報相關單位處理，由警察和社工進行家庭訪視，以便做進一步研判。

依據社工描述，孩子住在一棟很高級的華廈，不只坐落的地段很好，還有媲美飯店的物業管理人員服務。進入屋內後，室內不僅寬闊，裝潢更是豪華，精美的水晶吊燈、光潔的大理石地面，還有家庭幫傭隨侍在側。在大家的眼裡，這孩子根本就是含著金湯匙出生，擁有令人羨慕的人生。

不過，社工這趟去家訪，因為家長說孩子在睡覺，所以沒有直接看到孩子。據轉述，後來他們認為像這樣擁有高社經地位的有錢人，生活得如此優雅、體面，不大可能虐待小孩。更何況家裡還有傭人幫忙照顧打點瑣事，跟一般為生活所苦、為家事操勞的父母有著天壤之別，所以應該不可能出現施虐的情況，於是社工在沒有辦法看到孩子的情況下只能選擇離開。

## 虐待 VS. 管教

先不說「有錢人不打小孩」這個印象或推論是從何而來的，我真正關心的，是虐待與管教的差距，尤其是這類「為了你好，才打你」的想法與做法，如何才是合理的，真的需要慎重思考，因為虐待與管教的差距僅在一線之隔。

上述那些案例算不當管教嗎？還是算施暴、施虐？

如何判斷孩子不乖，如何管教，才是合理的？

若是孩子表現不好、成績不佳、哭鬧不休，父母怎麼做算是「合理」管教小孩呢？最大的問題是，誰來認定是否「合理」？輕輕打一下跟毆打的界線在哪？誰來認定呢？家長永遠都認為自己下手很輕，不小心把孩子打傷，甚至打死，都說不是故意的，自己只是想糾正孩子不乖的行為。父母這樣的心態與行為豈不是球員兼裁判？對被暴力管教的孩子來說何辜，公平嗎？

對照顧者來說，使用暴力的教導方式，有真正達成管教的目的嗎？孩子會因此學習到正確的觀念嗎？還是只是淪為大人負面情緒的暴力宣洩方式？

## 校園零體罰！家庭呢？

大家不妨思考一件事：台灣多年來透過倡議、立法推動「校園零體罰」，那麼，在學校不能打小孩，為什麼在家裡就可以？老師不能打，為什麼家長就可以？

我之前看過一篇探討兒虐的社會學論文，其中有個概念提到：「兒童是世界上唯一可以合法毆打的族群」！這真的是很沉重的現實，連重刑犯在獄中都尚且受基本保障、不能施加暴力，法令卻容許我們責打兒童。請思考一下：若我們不敢、也不能對另一個成人暴力出手，為什麼我們卻可以對自己的孩子這樣做？而且還用各種說詞去合理化這樣的行為呢？

這樣的反思，逐漸在許多國家發酵，終於促成兒少保護相關法律改革。世界衛生組織（WHO）一直呼籲各國重視並終結兒虐，具體做法之一就是提倡「非暴力」的管教

方式和價值觀，也就是不體罰、不要容許成人擁有「懲戒權」，許多國家也為此修法呼應。（注釋）

此外，小孩加入球隊接受訓練，教練為了要求紀律或表現而處以跑操場、伏地挺身、交互蹲跳、青蛙跳等方式的變相體罰，可能導致超過負荷，造成孩子受傷的情況，這究竟算是加重訓練、適當的管教，還是虐待呢？

## 失控的父母

所以，問題的根本恐怕不是體罰與適當的管教如何區分，而是處罰真的能達到教育目的嗎？教育過程中，是不是非要動用到處罰的手段呢？

在醫院時我碰過很多家長說，「只是管教」、「只是不小心過頭了，所以才打到送醫院」，甚至還聽過更多說詞，像是「我也不知道打了會死啊！」、「只是脖子扭一下、腿打一下，骨頭就斷了、骨折了」、「我不知道我力氣有那麼大啊！」面對這些家長的理由，我不知道是脫罪之詞，還是真的不曉得孩子身體的特性與脆弱。事實上，人氣到所謂「理智斷線」的時候，往往情緒早已失控，下手不知輕重，極有可能打到沒辦法停手，甚至往死裡打。

情緒往往會令人短暫失去理智，所以情緒管理是非常重要的課題，面對失控的孩子，我們更不需要失控的父母。其實有很多方法可以冷卻情緒，不要跟孩子一般見識，最簡單基本的就是深呼吸，也可以在確認孩子安全的情況下，暫時離開一下現場，找他人幫忙看顧孩子，到安靜的空間或房間休息一下、冷靜一下，其實只要花一點時間調整完情緒，就可以理性回神。

有家長自述準備帶孩子出門，但孩子賴在地上哭啊、吵啊，受不了的家長選擇用打下去，但是打了會痛，小孩愈打就愈哭，這讓情況演變成糟糕的惡性循環。其實，大人真正要做的是要去分辨孩子哭的原因是什麼，是想吃、想玩，或者要買玩具沒能如願？在理解原因之後，父母就可以利用機會教育，教孩子用合宜的方式表達自己的需要，讓別人了解。

## 先處理情緒，才能處理事情

孩子成長過程中，會嘗試各種做法去應對環境和表達需求，探索哪種方式最有效，所以父母若動輒以責打的方式處理孩子的問題，孩子學習到的，只是採取如何避免會挨打的行為，但是不懂挨打背後的原因，只是暫時的停止這樣的行動，根本不能理解自己為什麼不該哭鬧，當然也不可能有機會學到正確合理的方式表達自己的需求。

如果是嬰兒一直哭鬧，無論做什麼都無法安撫，也許還不是可以溝通的年紀，那麼在確認尿布換新、溫度適中、奶也喝足夠了的情況下，有時就要接受孩子有情緒表達的需求！即使是嬰兒也有些情緒需要抒發，可以盡量用擁抱安撫的技巧，讓孩子抒發完情緒，再看後續如何處理。

先處理情緒，才能處理事情，每個孩子都有不同的個性，如何從生命經驗中，培養良好的態度與溝通方式，就需要靠平時一點一滴的學習與養成，所以家長如何去辨認合理的情緒抒發需求非常重要。

每一次處理自己與孩子的情緒，都是很好的學習成長機會。除了讓孩子學習良好清楚的表達與應對態度，家長也可以透過一次次的衝突，更了解自己，找出自己的「地雷區」，了解什麼事情會讓自己的理智斷線，然後懂得避開它，比如找其他照顧者幫忙接手處理，學習情緒冷卻後理性面對，或者跟孩子溝通、設定界線，避免下一次「踩雷」，並且找出解決的方法。

所謂教學相長，這樣的學習成長是生命很美好的部分，透過親子之間的相互理解、學習，除了孩子進步以外，身為父母的我們也可以成為更好的人。

---

**注釋**：日本於二〇一九年通過《兒童虐待防止法》，禁止監護人體罰兒童。而韓國法務部也於二〇二〇年正式刪除《民法》中關於「懲戒權」相關法律條文，家長不能再以「教育小孩」為由來開脫。

## 聯合國這樣看待體罰

聯合國兒童權利委員會在第八號的一般意見書中，對體罰提出了見解：

兒童與成年人一樣，享有免受侵害的平等保護原則，此原則也適用於家庭之中，但不代表所有的父母對於子女的體罰，都會導致父母遭到起訴。依循「法不干涉瑣事原則（de minimis principle）」，只有在極其例外的情況下，成年人之間的輕微暴力行為才會提上法庭；對於兒童的輕微侵害行為也適用此原則。

各國必須制定有效的報案和呈報機制，一切侵害兒童行為都得到適當調查，並確保兒童免遭重大傷害，其目的在於提供家庭「扶持和教育性」的干預行為，而非懲罰性的干預行動，來制止父母用暴力或其他殘忍、有辱人格的懲戒。

（出處：2006 年 UN Committee on the Rights of the Child (CRC), General comment No. 8。）

Chapter 1

# 疏忽，就是兒虐

小生命很脆弱，稍有不慎就會受傷，比如未給嬰幼兒該有的飲食營養，孩子因長時間未進食而出現低血糖，甚至導致腦部的發展遲緩、為孩子洗澡的環境有燙傷的風險性、搭車時沒有使用安全座椅或沒有繫安全帶、下車買東西卻單獨把孩子留在車上，以上這些行為雖然不構成身體虐待，但都算是疏忽，不出事則已，若有個萬一，都會使得孩子陷入危險，甚至送命，所以疏忽就是令孩子置身危險，也算是不當對待兒童的一種形態。

# 別拿意外當擋箭牌

「應注意而未注意」或「應就醫而未就醫」，在我看來都屬於「疏忽」型態的兒虐事件，而找出「疏忽」的個案是為了幫助有需要的孩子與家庭，並不是為了責難照顧者。

在我所屬的醫院，只要有車禍受傷的兒少是因為乘車未乘坐安全座椅，或乘坐機車未配戴安全帽，就會以兒虐類型中的「疏忽」進行通報。你看到這裡可能會驚呼：「這怎麼能算兒虐呢？」但從兒少保護醫療工作者的角度看，如果做好兒童安全措施，就能減少兒童傷亡，這就是「應注意」的照顧內容，「應注意而未注意」或「應就醫而未就醫」，在我看來都屬於「疏忽」型態的兒虐事件。

一般人看到兒虐二字，馬上就聯想到施暴！但兒虐不是只有一般人認知中的打小孩而已，因為某種原因而引發的行為，只要有傷害兒童身心健康，甚至危及兒童的生命安全，就可以定義為兒虐。

## 被嚴重低估的類型

小生命很脆弱，稍有不慎就會受傷，比如未給嬰幼兒該有的飲食營養，孩子因長時間未進食而出現低血糖，甚至導致腦部的發展遲緩、為孩子洗澡的環境有燙傷的風險性、搭車時沒有使用安全座椅或沒有繫安全帶、下車買東西卻單獨把孩子留在車上，以上這些行為雖然不構成身體虐待，但都算是疏忽，不出事則已，若有個萬一，都會使得孩子陷入危險，甚至送命，所以疏忽就是令孩子置身危險，也算是不當對待兒童的一種形態。

二〇二〇年，台灣調查確認為疏忽的案件數達一千兩百三十二件，約占兒虐案件總數的一成。但我認為這數字被低估了，我們以歐美國家案件來看，疏忽占兒虐事件的比例高達六〇%至七〇%，台灣只有一〇%，實在讓人難以置信。之所以會有這種情況發生，我認為，多數民眾對於疏忽等同兒虐的觀念缺乏完整而深入的認識。

我們先從定義上來看疏忽，是對於兒童的基本需求不予提供或不作為，包含食、衣、住、健康照護、醫療、教育（就學權）與兒童安全的監督，若無法提供，可能導致兒少身體與認知發展的傷害。

以上述的定義來討論，疏忽的範圍很廣，理應是最常見的兒虐類型，而它被嚴重低估的原因有二：其一，嚴重的疏忽或長期缺乏妥善照護的兒少比較容易被發現，但大部分的疏忽個案缺乏明確徵狀，尤其偶發、短暫事件容易被忽略；其二，疏忽所造成的身心傷害，因果關係舉證不易。因此我們必須加強民眾對疏忽與兒虐的認知，提升兒少疏忽辨識的敏感度，才能建立及早通報與預防的機制，防止兒少繼續受害。

## 應注意而未注意

這樣會不會壓力太大了啊！會不會到處都是兒虐地雷啊！我相信或許會有人提出這樣的質疑，好像到處都是風險、都是照顧者的疏忽，動輒被懷疑是兒虐。我也知道有些家長會提出「意外」來為自己辯護，因為有時候孩子會受傷真的只是意外造成的。

那究竟該如何分辨是意外還是疏忽？舉個例子，你走在路上，突然有一架鋼琴從天而降砸在你身上，這是沒辦法預測的意外；但開車、騎車載著孩子，不幸發生車禍時，能做好的安全防護措施卻沒有做足，像是必須使用安全座椅、繫好安全帶、配戴合格的安全帽這些基本的保護措拖沒有做，使得孩子受到了傷害，就是照顧上的疏忽。

所以意外與疏忽最大的差別，在於疏忽是應注意而未加注意。以我們的工作為例，在進行醫療行為時，都需要詢問病人有無藥物過敏紀錄，若發生過嚴重的藥物過敏且留有紀錄，但醫事人員未注意而再給一次藥，就可能導致病人有生命危險。把這個概念應用在兒少保護領域上，就可以用來分辨發生兒虐的究竟是因意外還是疏忽。

## 並非滿足罪與罰

我講這麼多，並不是要以疏忽一詞來指責照顧者，我只是想讓大家了解疏忽與兒虐之間的關聯，然後大家可以一起努力，更妥善地照顧孩子。曾有一個案例，因為孩子們的父母都不知去向，由從事資源回收工作的阿嬤獨力撫養兩個孫子。祖孫三人就住在回收場旁邊小屋，衛生條件很不好，從生活環境條件來看，可以算是「疏忽」，然而阿嬤很疼孫子，只是無力改善生活條件，經通報後的社工處置的重點，並不是把孩子帶離照顧者或是責罰阿嬤，而是幫忙找資源，提供他們適當、乾淨又可以負擔得起的住所。

所以找出「疏忽」的個案是為了幫助有需要的家庭，並不是為了責難照顧者，像是地方政府推行的「幸福保衛站」計畫，讓沒飯吃的孩子可以去超商領用免費餐點，這就是為飲食沒有達到基本需求的家庭提供援助。

兒少保護的重點，並不是滿足罪與罰的天平，也不是要提供孩子高貴或完美的照顧環境，而是要確保每個孩子都能得到基本的照顧與教育教養，以避免孩子受到不當對待的情況發生，這才是我衷心期盼的。所以發現疏忽事件時，看看自己是否能協助改善，如果無法協助，則可以經由通報來取得社政資源協助，一起來改善，讓兒童照顧更安全合宜。

## 疏忽的可能成因

| | |
|---|---|
| 照顧者特質 | 憂鬱症或面對壓力的調適能力、母親懷孕時濫用藥物或毒品。 |
| 兒少特質 | 氣質難帶、高需求、需要很多關心使照顧者覺得厭煩、實際教養與認知想法的落差、慢性身心障礙、早產、多重醫療健康問題。 |
| 家庭特質 | 未預期的生產、強迫性行為後的孕產、與社會隔絕、脆弱或高風險家庭（例如，家庭成員罹患慢性疾病、長期失業、犯罪入監等）。 |
| 社會特質 | 社會福利或支持系統不足、教育系統介入程度不足、貧窮。 |

## 疏忽型態舉例

| | |
|---|---|
| 身體照顧疏忽 | 1. 飲食與營養：照顧者未備餐、食物品質不良，缺乏營養，提供不適齡的飲食，幼齡兒童自己準備食物。<br>2. 衣著：不足、不適當、骯髒汙穢、不合身、嚴重破損、鞋子不合腳。<br>3. 個人衛生：長時間未洗澡、身上可聞到尿糞汗水味、身上或頭髮髒汙、頭髮久未整理、未刷牙、嚴重蛀牙、嚴重口臭、身上有跳蚤。 |
| 照顧環境疏忽 | 1. 不適當居所：過度擁擠、屋內堆置廢物。<br>2. 不適當睡眠：不讓兒少有適當睡眠、就寢處髒亂。<br>3. 衛生不良：無法使用廁所、人畜糞便滿地、未控制蟲害、備餐環境不潔。<br>4. 建築環境危險：房屋倒塌、樓梯損壞、屋頂或門窗等遮蔽處破損。 |

| | |
|---|---|
| 適當監督的風險 | 1. 溺水、中毒火災（電線外露、燃料堆放引起的事故，無安全逃生通道或逃生處有障礙物）。<br>2. 意外（如未繫安全帶、未使用兒童安全座椅、未戴安全帽、未設置住宅用火災警報器、容易跌落處未放置圍欄）。<br>3. 藥物或毒品濫用：藥品、酒精或化學物質未置於兒童不易取得的處所、獨留熱水過燙。 |
| 醫療照顧疏忽 | 1. 不配合醫囑。<br>2. 延遲或未就醫。<br>3. 拒絕醫療照顧（例如，因宗教或民俗文化因素拒絕醫療照顧、拒絕施打所有疫苗）。<br>4. 急性或慢性醫病照顧、不回診（例如，應就醫而未就醫、就醫後拒絕用藥、未矯正齲齒或視力、拒絕治療慢性病）。 |

# 生命權 VS. 家長自主權

如果說當時還能多做點什麼來改變結局，我覺得應該關心媽媽為什麼如此抗拒讓孩子接受化療？若能找出原因，並給予她安慰和支持，也許孩子今天還活著並健康成長。

如果孩子生病了，父母的反應會是什麼？

我知道我這樣問很奇怪，那我換個方式問好了，是什麼樣的父母，會百般阻撓孩子去看醫生？

一名媽媽帶著三歲男童來就醫，據她描述是之前在美國的時候，孩子因發燒前往住家附近的兒童醫院檢查，被診斷為白血病。白血病通常發病於骨髓，造成不正常的白血球大量增生，形成出血、瘀斑，且增加感染風險。

在美國就醫時，為了找出孩子發燒的原因，為孩子做不了少的檢驗，其中一項是EB病毒（Epstein-Barr virus），症狀是持續發燒好幾天，併發扁桃腺化膿、淋巴腺與肝脾腫大；同時，血液中名為「單核球」的白血球數目增加，但只要沒出現昏迷、抽搐、全身缺氧等症狀，大多可以完全康復。

雖然EB病毒與某些癌症有關聯，不過EB病毒不是癌症，跟俗稱「血癌」的白血病不同。媽媽在求診過程中，顯然是得知了EB病毒的病徵，也因此引發了一連串的連鎖效應。

## 不想讓孩子受苦

媽媽認定是因為ＥＢ病毒導致孩子的白血球異常，這樣的認定雖然一廂情願但也算人之常情，因為此時的她正處於罹癌者與家人常經歷的否認期。拒絕接受孩子得了白血病的媽媽，帶著孩子換了一家又一家醫院，讓孩子重複接受一次又一次的檢查。由於這幾家院所都是世界頂尖的兒科，同時誤判的機率很低，卻仍無法說服她接受孩子得到白血病的事實。直到走進第四家醫院，因為媽媽堅持不讓孩子接受治療，逕自帶孩子離院，所以被院方通報為美國兒少保護案件。

兒少保護官找上這對父母，告訴他們如果不讓孩子接受治療，會強制安置孩子，帶孩子尋求醫療照顧。媽媽很掙扎，她愛孩子、不想讓孩子受苦，但也不願讓社工把人帶走，於是勉為其難同意孩子接受治療，並與醫生約好帶孩子進行一次化療。

白血病完整的療程需要一年半到兩年的時間，治療一般分為三階段，孩子完成第一次治療後，效果很顯著，癌細胞幾乎都殺光，雖然是好消息，但這不是終點，要繼續完成整個療程才行。但媽媽顯然不這麼認為，在配合讓孩子做一次治療後，她就選擇讓孩子出院，並馬上帶孩子離開美國回到台灣，因為她認為，在台灣不會有人強迫她帶孩子就醫，也不會「威脅」她說要剝奪親權，所以她選擇回台灣，但孩子的病情復發，還是來到了醫院。

## 應就醫而未就醫

醫生看著美國四家醫院的報告，媽媽在一旁說：「你看，我小孩一定是ＥＢ病毒，沒有白血病。」醫生告訴她，從報告看來的確是白血病，雖然暫時沒有壞細胞，但應該讓孩子繼續接受治療才有最好的機會痊癒，孰料媽媽聽完，當晚就帶孩子離開醫院。醫院馬上通報為兒少保護案件，後來在另一間醫院找到人。原來媽媽複製她在美國的行為模式，到處求醫，希望有人向她證明孩子是感染了ＥＢ病毒，但沒有一位醫生能如她所願，因為白血病的證據太清楚了。

社工一直追蹤這對母子，最終與媽媽達成共識，在醫院讓孩子進行第二次化療。孩子出院後，媽媽刻意與社工斷絕聯繫，不回診也不接電話，社工很努力，但仍找不到他們。

四個月後，讓人擔心的事終於發生了，社工再次收到孩子的消息，但已經是被送到醫院急診，而且是到院前已心跳停止。

失聯的四個月究竟發生了什麼事？家防中心初判這是「應就醫而未就醫」的情節，屬於醫療照顧疏忽類型的兒虐，於是請檢察官介入。調查後發現，孩子出院後，因為剛做完第二次化療，健康狀況還可以，但沒有持續接受後續的治療之後，身體健康就每況愈下。由於媽媽強烈排斥化療，她知道帶孩子就醫，又要繼續化療，所以即使孩子的情況愈來愈糟，她仍不肯帶他去醫院求助。據說最後一個月，孩子就只能癱在客廳的地上，但即使如此，媽媽仍不願帶孩子就醫。

## 比愛更重要的照顧方式

白血病治療至少需要接受一個完整療程，才能避免癌細胞的復發，治療上不可能只做一次化療就能把病灶根除。當癌細胞復發時，骨髓會長滿壞細胞，導致白血球、紅血球跟血小板沒辦法順利成長，形成貧血、多處出血、感染，這其中任何一項都可以輕易奪命。這是非常危險的情況，病人本身也很痛苦，只是我們無從得知孩子的痛苦指數。

媽媽承認她沒有帶孩子就醫、把病弱的孩子「放」在地板上，且孩子明顯削瘦、營養不良，一切看起來都符合兒虐案件成立的證據，但這個案子最後並未起訴。因為檢察官偵辦過程中，無法分辨孩子的死亡原因究竟是「應就醫而未就醫」，還是白血病疾病本身所造成的死亡。檢察官認為，媽媽帶孩子去了多家醫院，因此不算是「應就醫而未就醫」。

當社工陳述為何對這案件提起兒虐獨立告訴時，承辦檢察官問了一個問題：「白血病會不會死？」因為白血病本身就有致命的風險，所以讓孩子送命的關鍵，是人的「不作為」，還是疾病的併發症？從醫學的角度看，可以說是白血病帶走了孩子，但是，站在兒少保護的立場，我們關心的重點是提供孩子治療的機會。

現在白血病治療後的五年存活率（注釋）是八十％，而且這孩子的病情不棘手，一次化療就能把壞細胞殺光，可以預估他治療的成功率很高。如果不是媽媽對化療如此抗拒，可能這孩子現在已經完全治好，已健康長大成人。孩子的死，是媽媽的不作為，而不只是白血病而已，所以媽媽雖然愛孩子，沒有選擇好的方法照顧他，這才是讓孩子死亡的主因。

## 與成人同樣享有人權

聯合國《兒童權利公約》（CRC The Convention on the Rights of Children）指出，未滿十八歲的兒童，與成人同樣享有與生俱來的人權，包括：醫療、教育、受保護以及獲得平等發展機會的權利。而確保孩子不會錯過他應該接受的治療、不會影響其發展，是人權國家很重要的承諾。

有一次和美國西雅圖兒童醫院的兒少保護醫療團隊進行交流時，我們談到這個案例，其中一位專家頗為詫異地問：「你們為什麼覺得家長的自主權比兒童的生命權更重要呢？」專家繼續說，若孩子留在美國的話，一定會安置、強迫就醫，也許孩子還能繼續活下去。

如果說當時還能多做點什麼來改變結局，我覺得應該關心媽媽為什麼如此抗拒讓孩子接受化療？也許這位媽媽曾看過癌症經化療仍然死亡的情況，擔心孩子也會面臨同樣的情形，因此拒絕讓孩子接受化療。

若能找出媽媽排斥讓孩子化療的原因，並給予她安慰和支持，我想有可能走向下一步。所以醫病的信任關係很重要，如果再來一次，應該考慮讓更多專業人員，如心理師參與，也許能夠解開她的心結，給孩子治療的機會。

只是，那名孩子沒有機會了！

---

**注釋**：代表經治療後存活超過五年者，其再復發機率非常低。

# 比悲傷更悲傷的事

當病魔已經占了上風，而少年展現出堅強的求生意志時，身為母親的不是更應該成為孩子的後盾，而不是讓孩子孤軍與病魔奮戰啊！這是此案例中最讓人難過的地方，什麼時候親權與生命健康自主權竟然演變成需要劍拔弩張地對抗？

這是比悲傷更悲傷的故事！

前些時候在Netflix有一部非常受到歡迎的台灣影集——《比悲傷更悲傷的故事》，故事一開始的情節讓我有種非常熟悉的感慨。

故事一開始是敘述男主角悲慘的遭遇，因為遺傳的關係，男主角在父親因白血病而離世之後，發現自己也得了白血病，才剛承受丈夫離世打擊的媽媽，因為無法承受自己最愛的兒子也得了此病，最後選擇拋棄了自己的孩子……。

我之所以感傷，是因為對我來說，這並不是一段戲劇的情節而已，這也確是一位十七歲少年的真實人生。

目前高二、就讀一所好高中的少年，也是成績不錯的學生，從某種角度來看，應該算是前程似錦的孩子。但原本和睦幸福的家庭，在十多年前父親因為癌症過世之後開始出現變化。

父親的過世當然是種打擊，但命運掀起的巨浪並沒有打算就此平息。少年在不久前也被診斷出白血病。

## 不相信西醫的媽媽

確診之前，少年的身體健康就出現變化，升上高二之後，他發現下巴接近脖子的附近有腫瘤，而且逐漸變大，數量也有增加。一星期後，又開始出現頻繁頭暈與偶爾的頭痛。母親一直不想帶他來醫院就醫，但由於頭昏實在很不舒服，兩星期後，少年終於說服媽媽帶他來急診檢查一下。

都已經出現身體不適的情況了，為什麼還不去看醫生呢？經過了解之後才發現，少年媽媽的態度是關鍵，他拖了兩星期都沒有去看醫生是因為媽媽反對。

少年的媽媽不相信西醫，她反對任何就醫、吃西藥的行為，她甚至覺得西醫的種種醫療行為就是在毒害她的小孩。不曉得是不是她原本就不信任現代西醫治療，還是因為失去丈夫的悲傷，讓媽媽對西醫有了這樣的成見。總之她不讓孩子就醫，而面對孩子愈來愈虛弱的身體，她選擇以補身體的中藥及健康食品來進行調理。而少年的身體狀況當然沒有改善，因為他的病況不是靠這些就能治療的。

當他來急診就醫後，抽血檢查發現孩子有嚴重的貧血，少年的血紅素只有二．七

g／dL，一般正常數值應該有十二｜十四 g／dL左右才對。也發現青年的白血球數值非常高，大約有二十多萬個／uL，一般正常人的數值應該是三千到一萬多個／uL左右。因此醫療團隊初步斷定孩子可能有白血病，經過與媽媽許多溝通討論之後，她最後終於同意讓孩子住加護病房做更進一步的檢查與治療。

少年的病況非常危急，他需要更適切的治療，比如說化療，但是少年的媽媽顯然不這麼認為。她認為醫院在騙她，她也不相信檢查結果，認為這一切都是醫生編出來的謊言，她在病房外大吵大鬧，要求把孩子接回家。

醫療團隊盡一切的努力，一方面跟媽媽溝通，一方面積極治療少年的嚴重疾病。

## 尷尬的十七歲

十七歲應該正是青春飛揚的年紀，但在此刻，卻是一個尷尬的縫隙。這個年紀的孩子已經有了清楚的邏輯思考與自我判斷能力，也有自我意識的主張，少年在充分了解治療風險的情況下，很明顯的表達了想要活下去的意志，所以願意接受一切的治療與其風險。

但在台灣法律實務上，十七歲並不是一個可以為自己做出重大醫療決定的年紀，許多事情還是必須透過法定監護人。說來很殘忍，這位媽媽在法律層面上，的確可以主張自己對孩子的親權而不要西醫治療。媽媽後來也的確向法院提出告訴，醫院因此接到地檢署要求我們回答的來函。

面對媽媽要求少年出院的激烈動作，醫院選擇通報家防中心，因為這關乎少年的生命權與就醫權利。當然，在危及兒童生命，應該要就醫治療的情況下，媽媽卻阻擋不讓兒童接受治療，社工是可以考慮將少年緊急安置，因為他的身體情況的確符合不治療就會有生命危險的條件。但是要剝奪親權這件事情非常慎重，處置起來有諸多考量，再加上少年此時經過加護病房與化療後的病況已開始有好轉。

所有的狀況似乎都卡住了，不相信西醫的母親，想活下去的孩子，溝通到焦頭爛額的社工，邊治療還得應付母親在病房抗議與吵鬧的醫療團隊。

就在這看似卡住不動的狀態中，醫療團隊還是找到了縫隙想辦法醫治這位少年。經過大家的努力，少年的健康情況暫時獲得極大的改善，脫離生命危險。其實這位少年若當初沒有馬上來就醫的話，他應該早就無法活下去而離世了。勇敢的孩子，為了自己的生命與健康，努力好好奮鬥活著。

## 決裂的母子關係

心力交瘁的醫療團隊、社工與媽媽經過多次強力溝通協調，同意讓少年返家，前提是母親必須撤告，而且母親必須遵照說好的協議，繼續帶孩子接受治療。

於是少年就依照一般醫療情況先出院回家休息，等著下一波治療再入院。但是醫療團隊還是會擔心母親是否能遵守承諾，因此也持續追蹤少年後續的就醫情況。但後來才發現少年返家之後，只去過一次中醫門診，後來完全沒有任何就醫紀錄。此時少年所居住區域的家防中心接手追蹤，社工了解情況之後，便因為少年沒有後續就醫而認為其承受的生命安全風險很高，就決定安置這位少年，讓少年可以安心接受後續治療，爭取存活的機會。

總之，被安置的少年總算開始重新接受治療，這是鼓舞人心，卻也令人沮喪。鼓舞的是少年總算可以繼續進行爭取活命的治療，但沮喪的是，因為白血病的治療療程有一定治療時程，少年之前返家後中斷了療程，中間的延宕讓原本已改善的病況又惡化了，治療成功機會也因此又往下下降，不過醫療團隊也只能咬緊牙關繼續努力奮鬥治療。

如果只是這樣也就算了，讓人更難過的是，更詳細的檢查結果出來以後，發現少年的白血病並不是一般的白血病，它需要沒有健保給付的昂貴單株抗體治療，這整個花費必須自費，而且金額高達三百萬元以上。

三百萬元！這對成年人來說，就已經是一筆不小的金額，何況是一位十七歲的少年。也許你會問，那少年的媽媽呢？說來讓人心酸，母子倆已經因為這件事而決裂了，兩人之間已不願意互相再有任何對話，少年不想再與媽媽溝通，媽媽則認為孩子太不聽話。

## 法律的支持很重要

怎麼會這樣呢？面對如此嚴重的癌症，母子應該要相依為命，一起努力面對命運的難關才是啊。要知道，少年的存活機率已經因為癌症的嚴重程度而降低許多了，此時不願意一起努力對抗疾病，難道要眼睜睜看這場戰鬥讓病魔占上風？

面對這樣可怕的重症，當少年展現堅強的求生意志時，身為母親的不是更應該成為孩子的後盾，而不是讓孩子孤單地與病魔奮戰啊！

這是此案例中最讓人難過的地方，什麼時候親權與生命健康自主權，竟然走到了需要劍拔弩張地對抗？

除了親權與生命健康自主權的思考，我也想從這名少年的處境，提出一些法律層面的想法。少年明明是有清楚的邏輯判斷能力與自我意識主張，整個過程中也表達了強烈想要就醫治療的意願，還好有兒少保護社工與安置後法院的幫忙，但其實他的意願光在法律法條上，竟很難獲得支持，這實在太令人遺憾了。在許多國家，針對兒少就醫與治療，當醫療團隊看到法定監護人的醫療決定，違反兒童就醫權益或是最大利益的時候，國外的做法可尋求第三方的法律管道，由司法進行最後的醫療判決。就有法律的管道可以直接裁決，但我們台灣目前還是有很大的困難。

另外值得關注的，就是社工可以介入的程度。在這個案例當中，我們發現要有足夠的證據能夠支持兒童有危險需要被安置才行，安置後就可以動用許多資源來保護兒童。然而所謂的證據，究竟需要到甚麼程度才算足夠呢？這常常是個挑戰。

我也看到令人感動的一面，少年治療所需要的高額醫藥費，透過好多民間團體的努力奔走與募款，募到了部分，所以已經開始這項昂貴的新式治療，為孩子爭取最佳的機會。

這名少年目前還在治療中，不曉得他未來的命運會如何，希望有一天親權與孩子生存的權利能緊密地連結在一起，因為家人總是彼此的重要依靠啊！

# 洗腎中心醫生暴走中

醫療知識還是有一定的門檻，醫護人員有時候要常常提醒自己，一般人沒有學過醫療專業知識，所以有可能無法完全了解醫學名詞或是醫療人員慣用的專業溝通語彙。醫生通過專業立場說出的詞彙，往往無法讓人感受到其中危險性，而遺憾往往就在這認知落差中誕生。

一位腎臟衰竭末期的十歲小女孩，每週一、三、五固定到我們醫院洗腎。某一個星期五，女孩沒有依約出現，洗腎中心的人員便打電話連繫家屬，電話卻一直無人應答，醫護人員擔心孩子失聯會有危險，也擔心病情有變，於是連忙通報家防中心尋人。

啟動協尋之後，才發現孩子其實就好端端地待在阿嬤家裡。警察跟社工到場後，檢視孩子沒有外傷，判斷沒有遭受虐待的跡象，認定沒有人身安全方面的緊急危險就離開了。兩天後，孩子的心臟驟停，家屬緊急送醫救治，但已經回天乏術。

## 洗腎中斷的可怕後果

小女孩為什麼沒有到醫院洗腎呢？這是大家最想了解的問題，後來才知道原來是被阿嬤帶到深山裡接受民俗療法，喝符水。

這真是讓人難以接受！孩子該就醫而未就醫，明明醫院做到了及時通報家防中心協尋孩子，最後還是以遺憾收場。為此，醫院洗腎中心召集了一個跨部門溝通協調會議，想找出是哪個環節出了問題。出席的洗腎中心醫生在會議中暴怒咆哮，他甚至拍桌質問社工，我有點嚇到，因為那名醫生平常不是這樣的，平時為人很客氣、講話斯斯文文，那位醫生大發雷霆的樣子真是眾人前所未見，我相信在場許多人跟我一樣驚訝。

我能體會醫生暴走的原因。腎臟病患者無法透過尿液排出血液裡中的毒素，必須藉由洗腎來代謝，不按時洗腎，可能會出現全身性水腫、呼吸急喘，並且快速演變成肺積水，然後病患會開始喘不過氣來；而電解質不平衡，尤其是鉀離子濃度過高的時候，會造成心律不整，這些都可能造成生命危險，最可怕的是，這一切病程的發展可以非常快速。

該洗腎的病人沒有前往醫院洗腎，就是這麼致命，所以洗腎中心的人員才會等不到人就急尋，甚至通報家防中心。也因為會有生命危險，主治醫生在聽到孩子沒被帶來醫院時，反應才會那麼強烈，因為洗腎中斷的後果就是如此嚴重。

## 專業領域間的訊息傳遞

遺憾已經發生，會議上的憤怒拍桌也於事無補，但洗腎中心的醫生以如此強烈的情緒表達不滿，我猜想是因為他認為自己明明講得很清楚，說孩子不來洗腎的話會很危險，為什麼社工聽不出那種急迫性呢？而這就是我想要討論的關鍵議題。

醫生通常不會直接對病人說「你會死掉」，而會說「你會有生命危險」，從醫生專業立場認為，聽到這個詞彙就是醫生判斷病情可能導致死亡。但醫生這樣的說法，可能無法讓人認知到這句話代表的危險性。

這就是問題所在！醫療知識是有一定的門檻，醫護人員有時候要常常提醒自己，一般人沒有學過醫療專業知識，所以有可能無法完全了解醫學名詞或是醫療人員慣用的專業溝通語彙。這個案例的主責社工一定也深感遺憾，明明都找到人了，但還是無法阻止悲劇發生。這個案例告訴我們醫護人員和社工認知落差所帶來的影響，我覺得是我們醫護端需要加強說明，才能讓社工理解，畢竟腎臟衰竭、洗腎並不是一般人會具備的醫療常識。

該如何在不同的專業領域之間，確實的傳遞關鍵訊息很重要，這樣才能確保兒童就醫的權利，讓孩子及時得到治療的機會？

要能夠讓醫療、社工、警政一起在兒少保護案件上合作無間，各部門成員之間的對話，確實傳遞資訊很重要，這是我們從失去這個腎病孩子身上所學到的寶貴的一課。

# 熱療到肉都焦了

如果父母決定為孩子尋求另類療法，是不是得先考慮兒童對於另類療法的承受力？以及是否真的能夠救命並保住孩子？

我常在想，愛，有時候會不會變成一種壓力，甚至是傷害？我們總是把愛掛在嘴邊，並以之為名討諸行動。對孩子尤其是如此，其中心概念就是「我是為你好」！因為我是為你好的思維，所以一切的行動與後果都是合理的，而且是必要的。所以照顧者在孩子的課業加諸壓力，在人際關係上加以過濾，甚至連生死攸關的專業醫療照顧也要橫加干涉。

一位罹患淋巴性白血病的五歲小朋友，因為病情比較特殊、複雜，從外縣市轉診至台北就醫。住院期間，醫護人員發覺病童的媽媽非常熱中一種熱療法，而且這種熱療不是西醫常用的物理治療，而是名人在網路推廣的另類療法。做法是將加熱到攝氏五十多度的石頭熱敷在身上，然後再搭配跑步、運動等方式，從體內產熱，去逼出身上的毒。此種療法還要求，不管室內外溫度高低，一定要喝熱水、熱飲，用各種方式強化熱療的效果。

## 以愛為名的傷害

據說，小朋友在外縣市時就已經開始進行這種另類療法，除了常在身上敷貼加熱過的石頭，還一直被帶去爬山、跑步。後來病情加重，來到台北住院，雖然沒辦法繼續運動，但媽媽還是帶了石頭，趁沒人注意時把石頭加熱後，再敷在小朋友的腿上，並蓋上厚厚的棉被、毯子，結果小朋友的皮膚因長時間接觸熱源，不幸造成燙傷。

很多人以為高溫才會造成燒燙傷，其實不然，若是接觸熱源的時間太長，即使只有攝氏四、五十度的溫度，也可能形成嚴重燙傷。剛開始媽媽在幫孩子敷石頭時，護理師有警告媽媽這樣做很危險，尤其小朋友有白血病，又在接受化療，抵抗力比較弱，如果燙傷，傷口又感染了，後果將不堪設想，所以禁止她繼續這樣做。

至於小朋友對熱療的反應，則是抱怨很燙、很痛，但媽媽叫他「相信」，並且要忍耐，說夠熱才能「把毒逼出來」，不夠熱就沒有用。小朋友為此哭鬧時，她會厲聲責罵，然後硬是把石頭按在小朋友身上，跟他說「乖乖聽話照做，病才會好。」

媽媽非常堅持這是對孩子最好的療法，醫護人員不同意，她就偷偷進行。後來孩子真的被燙傷，傷口發炎、部分肌肉壞死，需要進行清創手術，因為不去除大片壞死的皮膚，很容易繼續造成感染。

## 醫病溝通陷入僵局

一開始媽媽還拒絕讓孩子接受清創手術，堅持熱療是對孩子最有效的方法，即使她都把孩子的肌肉燙傷了，她還是如此堅信。她當時的主張讓在場醫護感到不可思議，她認為，熱療好不容易有作用了，要繼續，不然一旦癒合，就不能把壞東西逼出來。

熱療彷彿已成為她的信仰，她堅信孩子要持續用石頭熱療，不可以中斷，也不需要外科介入。醫病的溝通陷入僵局，但孩子的傷勢沒辦法拖那麼久，權衡之下，醫院決定進行兒虐通報，這既是身體虐待，又是應就醫而拒絕就醫的疏忽照顧型態，已符合兒少保護通報的要件。

孩子最初入院時，媽媽就很抗拒化療，醫護人員溝通很久，她才勉強妥協。孩子的白血病階段性化療完成，燙傷的部分也進行多次清創手術，整體病況稍微好轉，媽媽便急著問可不可以出院。醫療團隊評估，孩子已住院了幾個月，可以先出院，之後再進行後續的化療。可是回到原居地之後，當地的醫生要他們回診追蹤，媽媽卻不斷拒絕，導致無法繼續進行治療。

## 另類療法對病情的影響

其實病人尋求正規醫療方式以外的其他療法很常見，醫護人員巡房的時候，偶爾會遇到病人在練氣功或養生操，其實只要不會對身體造成傷害或負擔，一般醫護人員不會反對，比如說掛個平安符，這沒問題，但如果是喝符水就有疑慮，主要是水不知道從何而來，水源是否乾淨可飲用，而住院病人通常比較體弱，把來路不明的水喝進肚子裡，難保不會誘發感染、敗血症，甚至光是喝到沒有煮沸、不乾淨的水，就有可能引發疾病。這個案例中的媽媽使用的另類療法，已經明顯傷害孩子的身體，醫護人員才加以制止。

在台灣，孩子是否就醫依法是交由監護人決定，所以被通報的個案多半是嚴重疏忽，情節嚴重到不接受治療會危及生命時才會處理。如果父母決定為孩子尋求另類療法，一定要考慮兒童對於另類療法的承受力，以及採用另類療法是否造成孩子的病情更加嚴重，甚至還引發身體的傷害？

我相信父母這樣做是因為迫切盼望孩子能夠康復，只是，當這份迫切讓愛迷失時，對於孩子反而是種負擔。如果能透過有效的機制來調節這份已迷失的愛，我相信父母會做出更好、更適合孩子健康的選擇。

# 練好氣功拯救全世界

病人和家屬本來就有權可以自行決定想就醫的地方，但我們重視的是兒童的最佳利益，希望孩子不要拖延治療。

這是一個讓我印象非常深刻的案例！雖然它也是堅持要讓孩子接受民俗療法的例子，但到了後來竟變成孩子自己拒絕接受正規治療。

第一次見到這名孩子的時候，孩子大概七、八歲，是該上小學的年紀，不過父母卻選擇讓孩子寄宿在氣功教學的機構中。

## 拒絕配合治療的父母

孩子因為呼吸急促、喘不過氣，照顧者於是送他來醫院急診，他顯得氣喘吁吁，看起來非常不舒服。照了胸部X光之後，發現是很嚴重的肺炎，所以趕緊安排他到加護病房。陪同就醫的機構人員說，孩子幾天前開始發燒、咳嗽，起初以為只是小感冒，過幾天就會痊癒，但是症狀一直沒有好轉，仍持續發燒，而且呼吸聲很明顯、愈來愈沉，有點像是很費力但呼吸不到氣的樣子，他們擔心孩子病情惡化，所以帶來急診。

在加護病房，我們先用抗生素幫孩子治療，並安排胸腔外科會診，確認是壞死性肺炎合併肋膜積膿，就是肺臟跟肋骨之間的肋膜有膿水積存，因而壓迫到肺部。我們懷疑是肺炎鏈球菌感染，必須動手術清膿，於是通知家屬前來簽署手術同意書。

孰料，家長一到醫院，不僅拒絕動手術，還要求馬上幫孩子辦出院，這讓我們感到很意外，因為孩子當時還住在加護病房，而且孩子的血氧濃度低於九十%，而且時有下降。正常的人體血氧濃度通常應高於九十四%，若是低於九十%，就需要使用氧氣治療，低於八十%則可能會損害器官功能，以當時孩子的情況來看，必須持續供給氧氣，所以無論怎麼看，都不覺得可以讓他立刻出院。

況且如果能馬上開刀，清除壓迫肺部那些膿液，孩子呼吸應該就會順暢很多，接著再用抗生素治療就應該沒問題了。積膿的病況通常都是這樣的治療流程，難度和危險性都不算高，而且都可以治癒，但孩子的爸爸完全聽不進去，只是反覆強調「不開刀」、「立刻辦出院」，現場的氣氛相當緊張。

## 術前溝通變通報家防中心

這位爸爸一再強調他不相信西醫、不認同這些治療方式，還表示他之所以把孩子送到氣功團體寄宿，就是覺得只有靠氣功，才能真正讓孩子的身體、體質變好，就不會生病了，所以他很堅持要帶孩子離院。作為醫生，我們認為應該治療，但照顧者卻拒絕的情況，已經符合兒虐項目中的「醫療照顧疏忽（Medical Neglect）」，於是原本應該是簡單的術前溝通，演變成最後得通報家防中心來處理的情況。

其實，我們醫療系統並不會完全排斥或拒絕宗教、民俗療法，很多家長會問說住院期間可不可以搭配一些民俗調理，像是靜坐、按摩，通常只要不傷身體、不妨礙治療、不會打擾其他病人，如果做這些療法能讓病人和家屬心安，我覺得都無妨。以這個個案來說，若家屬想要孩子在住院時繼續練習氣功，我覺得可以視術後復原情況而定，這都是可以討論的，但問題在於家長「只要」氣功治療，這就是完全不顧後果的嚴重性。

社工趕來以後，馬上徵詢雙方的意見，他很直接的問我們：「病情有急迫性嗎？如果離開醫院的話，孩子是不是馬上會死掉？」我也很實在的回答他：「不會馬上死掉，血氧八十幾是還可以活一陣子，但『一陣子』是多久，我沒辦法確定。」

## 緊急安置茲事體大

後來社工告訴我，如果我的判斷是「馬上會死」，他就會採取「緊急安置」。但我的專業判斷是，血氧濃度八十到九十%的病人，確實不會有立即的生命危險，他出院後還可能撐一陣子。

《兒童及少年福利與權益保障法》第五十六條規定，有立即接受醫療之必要，而未就醫時，主管機關應予保護、安置或為其他處置，必要時得進行緊急安置。這當中該如何判斷接受醫療的時間點及必要性，有些解釋的空間。

如果將孩子緊急安置，等於是把監護權交到政府手中，會由社工代表行使親權，進而決定要不要幫孩子簽署手術同意書。代行監護權茲事體大，若家屬不服因而提出抗告，還有很多法律程序要走，要社工果斷下這樣重大的決定，確實很困難。

社工評估後未提出緊急安置，但我們總覺得很不放心，進一步追問需不需要開病歷摘要、協助轉診，家長統統拒絕，撂下一句話說會去找中醫，醫院不用再過問。病人和家屬本來就有權可以自行決定想就醫的地方，但我們重視的是兒童的最佳利益，希望孩子不要拖延肺炎的治療。於是我們只能拜託社工持續追蹤，了解孩子是否就醫，因為這個孩子所感染的肺炎，是可以經醫療而治癒的。

## 自責沒有練好功的孩子

後來社工告訴我，孩子離開醫院後，並沒有依約去看中醫，所以他們就時不時去關懷，探問：「孩子有好一點嗎？今天還有咳嗽嗎？」直到第五天，家長才帶孩子到醫院住院去接受治療，至此，我以為這個案例就會告一段落了。

時隔大約五年，這個孩子再次因為呼吸急促而被送來急診，這時他已經十二、三歲，約當中學的年紀，仍是寄宿在氣功教學機構中，也還是同樣的症狀——嚴重肺炎。我看了影像後，認為應該與五年前的病情有關，恐怕是延遲治療或療程沒有走完所留下的後遺症，我覺得很遺憾，若前一次有確實治療，理應完全不會留下任何肺損傷，但很不幸，他的肺功能看起來很差。

這一次，令我比較驚訝的是在家長抵達之前，孩子自己表達了「不願意接受治療」

的意見，他一直喃喃自責：「沒有好好學氣功，所以身體不好。」言談中不斷貶低自我。這實在很弔詭，到底是誰讓孩子出現「生病是自己的錯」這種想法呢？而家長趕到醫院後，我原本以為又會有一番爭論，沒想到家長這回倒是沒吵著要辦出院。

回到孩子身上，因為他的發言讓我們感受到他情緒上的波動，所以試著引導他多說一些，看能不能發掘更多，結果發現，孩子描述的生活中只有兩項重要的事物——氣功跟電玩！我們問他該機構有沒有為他安排數學或語文課，他說沒有，問他一些基礎的、小學生應該理解的問題，他答不上來，也不感興趣，只有講到氣功和電玩，他才有一些反應，甚至會比較激昂地說：「氣功才能拯救世界。」

## 即使通報能做的也有限

孩子的言談中，三句不離氣功，但表述的方式卻是一直說自己「很糟糕」、「氣功沒練好」，說自己必須更努力、好好練氣功，才能實現「用氣功拯救世界」的夢想，當他陳述「氣功是萬能的」、「氣功能救世界」的理論時，神情非常認真、篤定，反而是我們很困惑，不知該作何反應。

孩子這一次就醫，我們就沒有再通報了，前一次的經驗中，我們知道通報後，能做的也很有限。

如今距離這名個案第二次來就診，大概又過了五年，算起來他應該接近成年了，如果至今他仍在氣功教學機構，而且生活重心仍然只有氣功和電玩，成年後能不能順利適應社會呢？還是他會一輩子待在機構中生活呢？再者，當他的認知受到照顧環境與照顧者如此大的影響，有沒有足夠的能力去了解氣功以外的世界呢？家長從孩子幼時為他做了這樣的選擇，對他公不公平呢？我有很多疑問，只是答案是什麼，我可能永遠都不知道了。

# 活在吸毒者照顧下的孩子們

台灣兒少受虐案也有因照顧者酗酒或藥物濫用所致，除了吸毒可以忘記餵小孩、不當施予孩子毒品，也有毒癮者的環境中充滿毒物，導致孩子慢性吸入毒品。

一位社工跑來問我：「呂醫生，不到五個月大的寶寶，最長可以多久不喝奶呢？可以二十個小時都不喝奶嗎？」

「當然不行！」我不加思索的回答：「怎麼可能撐到二十個小時！」

社工又接著問：「那十八個小時行嗎？」見我搖頭，又一次次把時數往下修，十六個小時、十四個小時、十二個小時……。

看著臉色愈來愈困惑的社工，我索性直接說出了答案：「小嬰兒至少間隔四個小時要餵一餐。」如果是夜間的話，餵奶的時間間隔則可以隨著年紀增長而拉長，滿八、九個月大的嬰兒，則可以間隔到早上睡醒再餵食。

社工之所以急切的詢問這件事，是因為遇上了有毒癮的照顧者，在吸毒之後處於高度興奮狀態，食欲減退、不知疲倦，可以連續 high 十幾個小時，甚至連著幾天不吃、不睡，也不覺得睏、不覺得餓。大人自己都 high 到不用吃飯了，也就忘了寶寶會肚子餓，忘記要餵奶。就這樣，寶寶餓了就哭，哭累了就睡，餓醒了之後又哭，如此反覆下去。

社工的聲音愈說愈小聲，是啊，一想到那樣的畫面，心就忍不住揪了起來。

## 幼兒成為慢性吸毒者

寶寶餓肚子不只是可憐而已，這可是攸關他能否健康長大的關鍵。久未進食、長時間空腹，容易導致寶寶低血糖，而血糖是胎兒和新生兒主要的能量來源，對於新生兒腦部發展有重要影響，因此，當血糖需要量增加、而血糖供應不足時，嬰兒就會受到低血糖的傷害，嚴重、長時間的低血糖將損及腦神經，造成發展遲緩。

沒有餵奶就已經很誇張了，有些照顧者異想天開地餵食寶寶其他「東西」，比如酒精或毒品等，但大家都知道，絕對不該餵寶寶這些東西。

是的，你想的沒錯，就是有照顧者會這麼做。醫院曾收治過酒癮者灌小孩子酒的個案。照顧者彷彿還在茫的樣子，竟然可以說出「分他一點讓他舒服一下」、「覺得好玩而已」這樣的話來。是啊，孩子如果只喝一小口，對身體的影響不一定會很嚴重，但不是每個孩子對酒精的反應都一樣，而且喝醉的照顧者常常不知道輕重。我曾遇過有案例是灌酒給孩子，那個量大到造成酒精中毒的情況，小孩呈現肝昏迷的狀態，險些器官衰竭死亡。

還有照顧者因為孩子一直哭，就把毒物、安眠藥餵給寶寶吃，寶寶出現狀況送到醫院來的時候，還辯稱是小孩自己拿來吃。醫護人員一看就覺得不對勁，因為寶寶還不滿一歲，手部動作不可能靈巧到自己打開罐子，還把藥拿起來吃。追問後，照顧者才承認：「孩子不睡覺啊，一直哭、一直哭，給他吃一點藥，讓他可以睡覺。」

其實就算真的如照顧者說的，是因為沒有把藥品收好導致孩子誤食，這也算是兒童虐待當中的「疏忽」；但如果為了讓孩子聽話、不吵鬧，而蓄意餵藥讓孩子陷入昏迷，甚至有進一步謀殺孩子的動機，就算是嚴重的兒虐。

## 毒品傷害造成發展遲緩

除了直接餵毒，也有照顧者因為吸毒，導致孩子因慢性吸入毒品而昏迷的案例。曾有一名大約一歲的寶寶，因為不明原因昏迷而被送到醫院急診。醫生緊急插管，同時做了一些必要處置，寶寶還是昏迷不醒，做了各種檢查、電腦斷層，還是找不出昏迷原因，就在醫護人員坐困愁城時，突然有社工提問：「有可能是毒品嗎？」原來，社工找到這位寶寶時的現場，照顧者與一群友人正在吸毒，所以社工懷疑孩子是不是也被餵毒，或是間接吸食到毒品。

聽到社工的話，醫院連忙檢驗寶寶的血液、尿液，果然就驗出了海洛因、K他命等成分，確認寶寶是吸入毒品而昏迷，隨即為孩子施打解毒劑、點滴以盡快代謝毒品。幸好隔天寶寶就清醒了，如果寶寶再晚一點送來，可能就沒這麼幸運了，因為進入昏迷狀態可能無法自主呼吸，時間再拖久一點就會缺氧，恐怕就救不回來了。

兒童對毒品的代謝能力比成人差很多，曾有新聞報導過一歲多的嬰兒，因為照顧者吸食海洛因後，將毒品隨意放置在旁，導致小孩誤食後陷入重度昏迷，經過急救後仍因中毒過深，不治身亡。根據檢驗報告中孩子體內的毒品殘留情況研判，孩子長期接觸海洛因和安非他命等各種毒品，即使孩子能救回來，也會因毒品而傷害神經發育，造成發展遲緩。

照顧者若以吸菸、燒烤的方式使用毒品，飄散在煙塵、空氣中的毒性成分，也會慢性傷害身處同一環境中的兒童。兒童長期因為誤吸毒品，也許外表看起來可能沒有異狀，但攝入的劑量到達足以中毒的程度時，可能就會突然昏迷、休克，然後猝死。

## 為了繼續吸毒而懷孕

遭照顧者餵毒或慢性吸入毒品的孩子的經歷，已經讓人駭然，但有些吸毒者對孩子的態度，更讓一般人感到不可思議。

在兒少保護工作中，我接觸過一些懷孕了還吸毒的案例，她們是「為了繼續吸毒而懷孕」。是的，你沒有看錯，她們懷孕不是為了愛，而是為了繼續吸毒。

一名三十多歲的煙毒犯遭警方逮捕後，被發現懷有六個月身孕，檢方讓她交保後，人就失聯找不到了。警方在比對戶籍後發現，幾年前她曾有一個兒子遭到同為毒犯的同居人虐死，這讓警察、社工十分擔心她腹中孩子的安危，趕緊動員找人。找到她之後，也沒辦法採取任何強制措施，只能持續關心，追蹤她直到生下孩子，之後評估她的身心狀況、經濟能力以及案件審理進度，再決定由她或家屬照顧孩子，或由社會局代為照顧安置。

原以為事情應該就到此告一段落，但經過檢警與社工的調查，才發現該女子此次是第四次懷孕。原來她曾因吸毒被判刑，羈押中得知兒子遭同居人虐死，具保辦完後事，隨即發監執行，服刑三個月後，她以懷孕五個月為由聲請停止執行，而腹中孩子的爸正是虐死她兒子的同居人，當時，她也獲准交保待產，生產後卻棄保，遭到通緝。被虐死的男孩是她第二個孩子，在此之前她有過一段婚姻並生下一名女兒。可說是屢次因毒品案被逮，又屢次因懷孕出獄，更令人震驚的是交保這四次懷孕，孩子的生父都是不同人，胎兒似乎成了她的保護傘，但孩子們的健康狀況非常令人擔憂。

# 免坐牢還能領生育補助

還有個案例就是她一直生小孩，因為懷孕期間不用入監服刑，所以她一直與人發生關係，也不避孕，每次被抓到時，都剛好有孕在身，所以可以緩刑或交保。然後呢？生完孩子的她只負責領生育津貼，其他事情都不管，最後把生下來的孩子交給社工去辦理收出養流程。

這些孩子不是在父母愛的期待中誕生，女性孕期中施用毒品也必然危害胎兒，可能引發早產、器官發育不全，影響智能及身心發展，後續也可能出現新生兒毒品戒斷症候群（注釋1）。嬰兒可能一出生就接觸到毒癮，嚴重影響身心發展。

有些毒癮者是連續生了好幾個孩子，為了育兒津貼、托育補助，把一、兩個小孩留在身邊，養不起的就委託安置、出養。更有些案例是一領到津貼就再去找藥頭，一下子把錢花光，沒錢了，當然也沒有好好養育孩子。

而孩子因為生母的毒癮，往往令出養媒合更為困難，有的只好長期待在育幼院，或是不得已出養到國外。又或者十幾歲就生孩子的小媽媽，把嬰兒丟給自己的媽媽養，但年輕阿嬤可能也才三、四十歲，家裡也還有其他未成年子女（小媽媽的手足）要撫養，根本無暇再多照料一個新生兒。

## 無辜小生命換來的修法

照顧者吸毒誤事、虐死孩子最著名的案件，就屬十多年前王昊事件。當時兩歲半的王昊，其生父因毒品案服刑，生母及其同居人一起生活，同居人常以小孩很皮為由，藉故毆打、教訓。某一天，同居人騙王昊媽媽說要帶孩子出去玩，實則偷偷將孩子交給三名有毒癮的友人照顧，王昊因為找不到媽媽，又身處陌生環境，哭鬧不止，毒犯們不僅沒有加以安撫，還用鐵釘釘他腳底、以老虎鉗拔他的手腳指甲、抓他的頭去撞牆，甚至在他手臂注射海洛因毒品。這些施虐手法慘無人道，成年人都難以承受，更何況是名兩歲半的孩子，在長達二十一天的凌虐後，王昊出現休克的情況，毒犯竟然不是選擇送醫救治而是再次施打毒品，企圖刺激他醒來，但王昊仍持續昏迷，最後被毒犯們丟包到醫院，搶救後依然回天乏術。後來的驗屍報告更指出，王昊被毒犯們送達醫院前早已身亡。

這樁引爆社會大眾怒火的悲劇，並沒有因為嫌犯遭捕，伸張了正義而平息。後來高等法院合議庭認定嫌犯「良心尚未泯滅」、「當庭向被害人家屬鞠躬道歉，展現了悔意」為由，改判三十年徒刑，未判死刑，此一判決讓整個社會群情沸然，深感不公平的王昊姑姑王薇君決心為姪兒力爭「公平正義」，於是成立民間組織幫助其他孩子，並推動修法（注釋2）。

新的法條規定，父母或監護人因吸毒而被通緝、羈押、勒戒、強制戒治或入獄服刑時，檢、警、調或法院必須查訪毒犯家中十二歲以下兒童的生活與照顧狀況，一旦知悉孩子有受虐或未受適當照顧的情形，就要通報當地縣市政府的社會局處。法院也制定配套流程，嫌疑人涉犯《毒品危害防制條例》時，法院發布通緝、審判中「羈押」，會先了解嫌疑人是否有十二歲以下的孩童，若確認孩童無人照顧，會通報主管機關。

新法的重點在查訪、了解有毒癮或涉毒的監護人照顧兒童的狀態，第一線人員業務必然加重，警察、社工因高風險通報的案量倍增，十分辛苦。但警察是跟毒癮者打交道最有經驗的一群，面訪時常能一眼洞察，對於及時找出可能因毒受害的兒童，有非常大的幫助。

修法後，在責任通報的部分，警察與司法人員的確也有增加的趨勢，各政府單位通力合作是身為兒少保護醫療工作者最樂見的方向。隨著基層人員清查通報、面訪，及早發掘了更多的高風險黑數，讓更多的孩子可以接受幫助，免受到疏於照顧、暴力的不當對待。

毒品真的太可怕了，它不只改變了吸毒者的行為，更扭曲了他們的人格，然後造就了一個黑洞，將周遭的親友拖入黑暗之中。大人可以抗拒、逃開這個黑洞，但無辜的孩子卻對此無能為力。希望在無數的悲劇之後的新法，讓所有孩子不再被拖入這個黑洞之中，讓他們重新感受到祝福與被愛。

**注釋1**：若母親為藥物成癮者，且孕期持續使用毒品，毒品也會藉由胎盤和臍帶血管進入胎兒體內，相當於間接吸毒。胎兒出生後，與母體分離，即不再有毒品進入體內，可能發生「新生兒毒品戒斷症候群」，戒斷症狀又會因毒品種類不同而有差異。

**注釋2**：二〇一二年立院三讀通過俗稱「王昊條款」，即是《兒童及少年福利與權益保障法》第五十四條之一。

Chapter 2

# 看不見的傷

兒童時期遇到的不幸，通常到國中、高中，漸漸長大了以後才敢說出來，此時又正好遇上青春期，可以試想一下這對孩子們所造成的內心衝擊、徬徨與人際焦慮，甚至對於性的恐懼，會不會影響到與別人的交往、親密行為，這不論從社政追蹤的角度，還是從孩子自我療癒的角度來看，都是極為龐大、困難的議題。

# 教小孩，你不需要孤軍奮戰

教養陷入困境，不一定要孤軍作戰。透過「心理急救」，能先安頓當下的情緒，再回頭慢慢處理生命經驗中的創傷，自己與親子關係都能得到修復。

「怎麼辦？我打小孩了！」話筒裡傳來的女聲顯得很懊悔。

一位媽媽主動打電話給我們兒少保護醫療中心尋求協助，她說自己打小孩了，因為即將升上高三的孩子課業壓力大，一直盯著孩子成績的她壓力也很大。為了孩子的成績著想，媽媽不得不嚴格督促孩子讀書，但事態到最後往往都會演變成母子互罵情況，最後鬧得母子不歡而散，只是這一次，她在盛怒之下，控制不住自己而動手打人。

她明白自己的教養行為並不恰當，但看著孩子的成績一直沒有起色而憂心忡忡的媽媽，面對動不動就頂嘴，正處於叛逆青春期的孩子，怒火中燒再加上難解的憂慮，雖然明明知道不能對孩子動手，但在情緒的煽動下就是忍不住打下去。

## 先從心理急救做起

彷彿是為自己辯解似的，媽媽開始說著自己從小被打到大的經歷，也知道這樣打小孩並不能改變孩子的學習態度和課業成績，所以責打孩子之後心裡既懊悔又自責，心裡不斷出現矛盾、自我懷疑的聲音，讓她的情緒瀕臨崩潰，於是主動尋求協助。

臨床心理師經過評估，發現糾正打小孩行為更迫切的，是這位媽媽的精神壓力，所以決定先處理這個部分的問題。

媽媽的情緒狀態並不穩定，所以在這個時間點和她談教養觀念緩不濟急，這位媽媽迫切需要的是「心理急救」（注釋）。就好像你因身體出現狀況而進入醫院的急診室，急診醫師會優先處理最迫切的問題，比如大量失血恐怕會危及生命，就必須先止血，最緊急的這部分處理好，才能再依次處理其他問題。就這個案例來看，對於這位媽媽的「心理急救」，要從先做好情緒降溫開始，再依次來處理親子面對學業的衝突。

於是心理師為這對母子安排心理評估。之後經過幾次晤談，心理師發現媽媽比孩子更需要多一點的幫助，主要是在協助媽媽覺察、調節與合宜表達自己的情緒，包括辨識自己什麼時候會覺得生氣？孩子曾經用什麼言語或態度惹火了自己？氣急敗壞的時候會有哪些舉動？然後再與媽媽談論這些情境出現時，除了生氣、發飆、動手打孩子，還有什麼招數可用？

## 脫離衝突導火線

有一些簡單的方法可以把即將爆發的情緒緩和下來，最常見的就是離開現場，比如說先去廚房喝杯水、去廁所洗把臉、去陽台深呼吸、回到自己的房間坐一下，脫離情緒一直在醞釀的暴風圈，靜下來兩、三分鐘後，可能會發現剛才看似一觸即發的衝突導火線，其實也沒什麼大不了。

由於媽媽離開現場後，就不會再持續加壓給孩子，孩子也因為不再對抗壓力而能夠有所喘息。否則，一方持續施壓，一方持續對抗，接下來的對話必定愈講愈難聽，情況也會愈來愈火爆，媽媽的手可能就要揚起來打人了。在那個緊繃的狀態，如果能有人適時的喊個暫停，或許就不會爆發成難以收拾的場面。

要冷靜、安定自己的心，可以透過練習來形成習慣。有一種稱為正念（Mindfulness）的方式，無關宗教，也和「正向思考」有所區別，是一種自我察覺生理與心理狀態的方法，協助個人受到外在影響的波動情緒慢慢穩定下來，收斂情緒、找回注意力，專心、平穩的面對當下正在處理的事情，而不是讓自己的心繼續受到情緒牽引。

幾次晤談後，媽媽在原生家庭的創傷慢慢浮現，除了從小被打，家人也會對她說：「妳就是什麼都不會！」「為什麼不學學隔壁的某某人，人家做得多好！」直到長大了，她也還會持續被比較，不如別人有錢、買不起自己的房子，長期以來的這些貶抑，一點一滴的侵蝕她的人生。

## 小心移除情緒地雷

所以，這位媽媽不自覺將原生家庭的教養方式，複製、貼上到自己現在的小家庭。透過心理師的幫助，媽媽覺察出自己的心結，並將之打開。整頓好打小孩行為背後的心理因素之後，接下來就是處理媽媽對孩子課業期待的部分。

心理師請媽媽試著同理孩子的處境，比如說試題是不是太難，導致全班分數偏低？如此一說，即勾起了媽媽小時候「少一分、打一下」的痛苦回憶。再問媽媽分數有這麼重要嗎？一、兩次考得不好，會影響人生嗎？媽媽想想也能認同，應該看重的是學習的過程，而不只是成績。

當媽媽調整了孩子學習成績的認知之後，下一階段，心理師請媽媽找時間跟孩子討論課業需不需要協助？如果孩子不需要，媽媽能不能多給孩子一些空間讓他自己念書？若孩子認為有需要幫忙，再與孩子一起研究他的課業弱點何在？又該如何改善？說不定媽媽提點一下，孩子的成績就能進步。如果，媽媽不擅長教導孩子課業，又或者高中課業的難度已超乎媽媽的能力，那麼孩子可能真正需要的是上補習班或請個好家教。總之，如果盯著孩子的功課會讓媽媽情緒失控，那就試試先移除這個情緒地雷。

在與心理師談了幾回之後，這位媽媽開始有進步，她跟心理師說：「我覺得自己很厲害，最近都沒有罵小孩嘍！」若覺察到自己的情緒上來，她就會趕快自我調適，心理師也鼓勵她「做得真棒！」正向增強她的表現。

## 認清問題做出改變

透過「心理急救」，先處理好當事人當下的問題，再回頭慢慢處理生命經驗中的創傷、療癒與修復。在這個個案中，看起來好像只是在協助媽媽，但其實是在幫助媽媽，就可以幫助到孩子，也才能改善整個家庭的氣氛。這位媽媽深知在暴怒情緒下教養孩子，對孩子的成績並無幫助，但客觀的由第三人指出盲點，並提供建議後，比較會有動機做出改變。而孩子在獲得自己發展的空間後，加上親子互動改善，成績竟然慢慢提升，也開始願意拿成績單給家長看，並與媽媽討論學業。

從事兒少保護工作很多年，像這位媽媽主動求援的案例很罕見，也特別令我印象深刻，她很清楚自己需要幫忙，而且願意走出來求助，承認自己有困難、承認沒有辦法靠自己解決問題，這需要很大的勇氣，而這樣的勇氣改變了她的親子關係，生命中的創傷經驗也得到了療癒與修復。

很多人面對困境時總是習慣先埋怨或者逃避，很難直視自己，這樣可能會讓自己退縮到一個角落，出現絕望、憂鬱的情緒，最後就鑽進死胡同裡，讓生命落入負向循環。其實現在的社會有很多關於心理健康的資源能幫上忙，教養路上遇上難題，不一定要孤軍作戰。

這是一個很可愛的案例，但也說明了在親子關係中，願意認清自己的問題，然後做出改變，就能得到很好的結果。如果所有父母都能用這種方式面對親子關係，那該有多好啊！

**注釋**：心理急救（Psychological First Aid）最初是用在大型、急性災難發生之後的心理支持系統，世界衛生組織（WHO）提供了四個步驟：準備、觀察、傾聽、聯繫，後續擴大應用在各種需要心理支持的個案。

# 教保員不能說的祕密

用腿夾住孩子或是抓著腳把孩子從櫃子拉出來，在我看來都是很危險的行為，屬於「不當對待」類型的兒虐，卻有保母和我說，這是前輩分享有效讓孩子乖乖的「撇步」。

幾年前一間連鎖托嬰中心發生十一個月大男嬰遭到教保員悶死的案子，當時新聞鬧得沸沸揚揚。從監視器影片可看見保母為了讓小男嬰入睡，以八、九十公斤的體重壓制孩子，畫面上看不到孩子的身軀，只見小男嬰從大人的身體壓迫下伸出一隻小手掙扎揮舞著，而且時間長達十九分鐘。影片到了最後，只見小男嬰垂下那隻手、不再掙扎，沒了動靜，此時保母才發現小男嬰全身僵硬，連忙將他送醫急救仍回天乏術。

不幸事件發生後，同一中心的家長既憤怒又驚恐，一想到自己的寶貝在送托期間，也可能遇到像影片中的小男嬰一樣被粗暴地對待，家長們群起抗議，要求檢視之前所有監視器的影片。於是社會局調閱了過去十四天，這家托嬰中心還有其他分所，所有的監視器畫面，結果發現有好幾位教保員不當對待孩子，社會局立刻針對有不當對待孩子的分所開罰，也把涉嫌虐嬰的教保員移送調查。

## 施暴過程有說有笑

事後我接到社會局與家長們的邀請，出席了針對此一事件所召開的會議，席間也有律師及其他專家到場。會議當天，十幾個家長拿著自己寶寶在園所裡被不當對待的影片，其中有一位教保員一直反覆按壓某位寶寶的頭，往地上壓了一共十八次，最後幾次還非常用力；而另一位教保員在旁全程目睹，卻沒有制止。

為什麼可以這麼清楚的數出十八次？因為該名寶寶的家長說他反覆看了十幾遍，一次一次的數，然後一次一次的哭。他不敢相信兩位教保員竟然可以一邊輕鬆愉快地聊天，一邊用手拍打他的孩子，那種毫不在意寶寶情況的態度，讓他既心痛又難以置信。

那位家長指著影片說：「呂醫生你看，一下、又一下、又一下，我的心都在淌血。」我問到孩子的情況，家長說，他事發前完全沒發現異狀，看到影像才知道孩子受虐。該說幸好嗎？我也不知道，但真的所幸孩子的頭沒有撞擊到地板，否則擔心會造成更大的傷害。

另一個孩子則是被教保員壓著後頸，推進櫃子，關了幾分鐘後，教保員才抓著腳把孩子拖拉出來。監視器畫面沒有收錄聲音，但可以想像，那幾分鐘，孩子被關在黑漆漆的櫃子裡，應該是驚嚇到哭泣吧？

## 法律層面難以成案

還有一個孩子的頭跟身體被教保員用雙腿夾住，他哭著想爬起來，但隨即又被教保員往後推，教保員力道若是再大一點，孩子恐怕就會跌倒後受傷。

說來諷刺，該園所不但是評鑑甲等，負責人夫婦還是兒科醫生，結果僱用的教保員竟然多人以不當的方式照顧孩子，連我都覺得驚嚇了，更何況是心疼自己寶寶的家長。想一想，在鏡頭拍到的地方都膽敢如此了，在鏡頭之外他們又是如何的對待孩子？雖然知道家長們心裡很不好受，但除了遭到悶壓窒息死亡的小男嬰以外，其他寶寶都沒有明顯、立即的傷害，從法律面來看，兒虐的情事難以成案。

法律層面的事我或許難以置喙，但身為兒科醫生的我，更關心的是這些無法清楚以言語表達的寶寶，受到如此不當的對待後，會如何影響他們的心理發展。我在會中提供了一些醫療與身心照顧的建議，請家長們多留意孩子後續的行為與情緒反應。

## 口耳相傳的錯誤方式

自從投入兒少保護醫療工作之後，我曾代表出席過幾次幼兒園、托嬰中心不當對待孩子的調查和處理。我曾詢問現場教保員，為何同業出現這樣粗暴的「哄睡」行為？要讓孩子睡著，不是應該讓他覺得舒適、安心，很放鬆的自然入睡嗎？用壓制的方式，豈不是正好造成反效果？某位教保員回答，這是他們內部相傳的「撇步」，讓孩子乖乖的招數。

我無法形容我聽到這句話時的震驚，尤其是她語氣中竟然還帶著些許的驕傲，似乎覺得沒有什麼不對的感覺。這位教保員大概三、四十歲年紀，她說有些小孩就是很調皮，總要有一些方法可以讓孩子乖乖就範。我相信幼保科或者保母證照的教育訓練不會這樣教他們，可能就是某個前輩這樣傳授給新進教保員，於是大家就口耳相傳，變成業內的「撇步」。

用腿夾住孩子、抓著腳把孩子從櫃子拉出來，在我看來是非常危險的行為，可能造成窒息、脫臼，反覆「巴頭」更可能造成頸椎受傷、導致癱瘓，屬於「不當對待」類型的兒虐。

照顧孩子應該採用「正向教養」的方式。孩子在嬰幼兒時期與照顧者之間的互動經驗，會影響孩子未來人際關係的建立與人格發展。若寶寶的生理及心理需求，能適度、適時的被照顧者理解及滿足，會讓他們對人產生信任感；反之，需求無法被了解及處理，會讓寶寶緊張、焦躁不安。

## 正向教養才是王道

在正向教養的依附關係當中，照顧者不靠威嚇或羞辱來控制孩子，而是透過情感的連結和動機的激勵，以溫和而堅定的態度，讓孩子學習自律、合作，建立良好的行為模式與生活常規，大人與孩子之間就能建立起親密、支持性、保護性的互動關係。

透過正向教養，給孩子機會從事符合其能力的活動，嘗試經歷錯誤，汲取經驗；反之，若不給予練習機會、限制太多或處處強迫恐嚇，會造成孩子沒自信、缺乏動機、能力不足，羞愧或懷疑自己。所以，在正向教養環境中成長的孩子，將更有自信、樂於嘗試，且不畏挫折，知道如何面對並處理挫敗經驗。

從正向教養的角度出發，當孩子的情緒或行為失控，不妨試著溫柔而堅定的擁抱他，讓他的手拍你的背、揮舞、擺動都可以，重點是用溫柔而堅定的姿勢，讓他冷靜下來。如果孩子就是使性子，在地上滾啊滾、翻啊翻該怎麼辦呢？我會建議先把孩子抱起來，用穩定又安全的力道將他擁抱在懷裡，讓他情緒慢慢冷靜下來。

最後，我想強調的是，不管是教師、保母，或是父母、照顧者，對待孩子不能一招用到底，沒有所謂的撇步。每個孩子的性格都不同，作為家長、照顧者必須花心思、花時間摸索，重要的是從不同相處模式中，找出適合自己與孩子的方法，形成正向的互動模式。

# 點心時間的遊戲

很多不當性接觸其實不會留下傷痕，國外統計十八歲以下的性侵通報，僅約四％到五％驗得出傷，很多案例是反覆被性虐待以及延遲通報，使受虐兒留下更多身心問題。

一位幼兒園老師告訴我，新學期的某一天，點心時間到了，老師對大家說：「小朋友，我們來玩遊戲、吃點心嘍！」結果其中一位中班小女生聽了以後，就把裙子掀起來、內褲脫到地上，很開心的上下搧動她的裙襬。

所有人都看傻了，有同學問她：「欸！妳在做什麼啊？」小女生一派天真的口吻回答：「玩遊戲啊！老師不是說玩遊戲、吃點心嗎？」老師見狀馬上制止她的行為，並且順勢安撫、教導了孩子們身體隱私部位的觀念，隨後依流程通報相關單位處理。

## 隱藏在好意下的邪念

經調查後發現，小女孩從兩歲起，每週會有好幾天待在隔壁阿伯家。一開始是因為女孩的媽媽臨時有事要外出，不方便帶著幼女同行，所以拜託這位鄰居阿伯照顧一下。後來變得比較熟之後，阿伯就跟女孩的媽媽說，歡迎孩子常常過來玩，於是每隔兩、三天，女孩會去阿伯家作客。

但沒有想到，這看似單純好意邀約，竟隱藏了淫穢的邪念。

每當女孩單獨在阿伯家作客時，阿伯會對她進行猥褻，比如用手玩弄她的生殖器，然後再給她糖果、點心，所以小女孩覺得這是個遊戲，玩一玩就有糖果吃。在調查過程中，孩子描述了阿伯的生殖器特徵，還比劃著說：「他抓我的手手去按。」用她的視角去描述事發經過，陳述了一些對她的年齡來說顯得極不尋常的經歷，讓社工研判言詞可信度很高。

小女孩說出的事實嚇壞了眾人，尤其是媽媽，一開始她還覺得鄰居很好心，願意幫她帶孩子，甚至主動邀請孩子去玩，誤信對方是喜歡小孩子的人，所以沒往戀童癖（Pedophilia）的方向聯想。那種所託非人的自責與憤怒，讓她煎熬了一段時間。這件事真的凸顯了性教育及早開始的重要性。

## 不只是吃豆腐而已

年幼的孩子缺少性知識，誤將性碰觸當作是一種互動、一種遊戲，去玩還有點心吃，好像是很開心的事，所以不會在意、防備，也不會特別跟家長說。即使被問及去阿伯家都在「做什麼？」天真的孩子大概也是回答：「玩遊戲、吃糖果。」一切聽起來是那麼稀鬆平常，只是當孩子將「遊戲」表演出來，大家才赫然發現此遊戲非彼遊戲，看似熱情善良的阿伯竟然會對小女孩做出這般猥褻的舉動。

或許有些人會覺得阿伯也就是吃吃小女孩豆腐而已，沒有這麼嚴重，甚至或許還會有人認為大家的反應誇張了。但事實上，還好及早發現，及早處理，這位阿伯才沒有做什麼，假以時日，是否發生進一步的傷害仍是未知數。

很多不當的性接觸，例如趁機撫摸胸部或身體其他部位、暴露性器、強迫碰觸他人性器等等，有時不會留下傷痕。國外統計十八歲以下的性侵通報，僅約四％到五％驗得出傷，在外觀不容易察覺的情況下，很多案例最後就演變成遭到性虐待，而且是反覆被性虐待，因為延遲通報的關係，使得受虐兒留下更多身心方面的問題，可能包括性傳染病、精神問題（焦慮、自傷、自殺等），甚至需要使用藥物治療。

所以一想到這件案例，我都忍不住吐一口氣：「好險有及早發現。」如果未能及時知悉而讓事態發展下去，後果真是不堪設想。

## 無知才是最可怕的敵人

我一直認為台灣父母對於幼童性教育這件事太過保守，這其中當然摻雜了衛道人士的阻撓。我不太懂性教育為什麼會與家庭、善良等價值有所抵觸，事實上，性教育的目的正是要捍衛這些價值，因為無知才是最危險，也最可怕的敵人。

性教育其實是有分齡概念的，並非毫無章法沒有系統地任意教導。學齡前的孩子優先教導「身體自主權」的觀念，也就是彼此尊重，哪些部位不可以隨便給別人看或者觸碰，也不該隨意碰觸別人的身體。在此同時也教導孩子，面對他人令自己感到不舒服的碰觸該如何拒絕，如果想要接觸別人該如何有禮貌地詢問，從小建立保護自己和尊重別人的觀念。如此，當孩子遇到不當的性接觸，才會有所警覺，也才懂得跟身邊大人述說、求助。

小學到國中跨越了孩童和青春期的年紀，隨著孩子漸漸長大，對於身體、性別會有更多好奇，必須要適時引導，避免孩子從不當的管道學習到不正確的性觀念。此階段可教導女孩、男孩與女人、男人的不同，認識卵子和精子，生育與介紹性行為的發生，還有安全避孕的措施等等。

性教育除了身體、生理相關知識，還有更深層的意義，是培養孩子用健康的方式看待身體與人際交往。在學習的過程中，讓孩子知道可以跟家長談「性」，這不是個隱晦的議題，遇到困難和異常的情況可以談談，遇到好奇、想了解的事情也可以談談。

而更為全面的性教育，不只是教生殖器官，而是以「情感教育」為基礎，配合兒童的生理發展循序漸進，教會孩子健康地面對性、愛與被愛、家庭的價值、負責任的態度，讓孩子擁有經營幸福關係的能力。

你們以後長大了就知道！這是許多老一輩的人對於講授性知識的觀念，但我們不能以閃避對話來虛構海市蜃樓般的安全，不能用無知來為孩子織就一張脆弱的防護網。只有傳授正確的性教育知識與觀念，我們才能真正保護孩子免於性侵的夢魘。

# 當家人變成加害人

被家人性侵的孩子在面對加害自己的親人時，不知該恨還是愛，更擔心事件一旦曝光，其他家人會跟著受傷。情感的交雜，愛恨的拉扯，讓事情變得不是選擇去或留那麼簡單。

當照顧變成了侵犯的藉口，當親情淪為慾望的枷鎖，當家人成為加害人的那一刻，那究竟是一種什麼樣的絕望？

如果我的感慨可以到此為止就好了，然而閉上眼睛，我腦海中清楚地記得那一個又一個絕望而自卑的臉孔，也記得那隱約卻又深刻的啜泣！

這是家內性侵最恐怖，也最醜陋的真實注解。

## 年紀最小，受害時間最長

依據衛福部歷年統計，二〇二〇年兒童少年保護之受虐類型以「身體虐待」占二十五．一六％居首位，「性虐待」十五．六二％則占第二。性虐待當中又以家內性侵最具特殊性，因為這類事件的受害者年齡小、受害時間長，而且施暴者又是最親近的家人，加害者有高達六成為直系血親、兩成為旁系血親、一成為同住家中者，如同居人。

我曾聽過一對姊妹的案例，可以反應出家內性侵的特殊性。姊姊小時候跟爸爸一起洗澡時，曾經有過不當的性接觸，當時姊姊年紀還小、懵懵懂懂，不明白這是不好的行為，直到她讀小學接觸到性教育後，便開始抗拒跟爸爸一起洗澡。有一天，當爸爸帶妹妹一起洗澡的時候，已經就讀高年級的姊姊就非常憂心，她害怕一樣的事情會發生在妹妹身上，所以決定向老師求助，老師知道後立刻通報家防中心，並跟社工一起進行家庭訪視，才有效介入、處理這個問題。

上述案例不但符合了受害者年齡小、受害時間長的特殊性質，還點出了家內性侵案件通報管道的困難。其他兒虐事件可能因為孩子的哭喊聲驚動了鄰里，或者送醫治療時被醫護人員察覺，但在家內性侵的事件中，由於受害者年紀尚小、對性侵認知不清，即使覺得不舒服，卻因為害怕家庭關係破裂等種種因素，讓他們沒有開口求救。等到孩子長大念書之後，學校就成了他們透露受害情況的主要管道，這當中包含老師察覺異狀，孩子主動告知老師或朋友。

歸納這類案件不易揭露的原因有以下三點：

## 一，幼兒對性侵害、性的認知不足

幼童尚未形塑「身體界線」的觀念，雖然孩子當時不知道，但這樣的侵犯行為，卻已造成他們的心理創傷。這些創傷往往隨著孩子長大接觸了性教育，對性有更多認知以後，才會慢慢浮現。換句話說，那種不好的感覺，並沒有從記憶中消失，像是一直存放在心中深處，很可能在某一個時刻因為某一件事而觸發，然後被提取出來，進而造成了某種程度的傷害。

曾有兒童精神科的醫護人員跟我們討論過兩個相關的例子。

第一個案例在十四、十五歲的時候來到兒童精神科求診，主訴憂鬱，常有負面與悲觀的想法，甚至有自傷、自殺的行為。醫生從晤談中，追溯歸納成因，可能是來自成長經驗中累積的諸多創傷。原來該名個案在十歲的時候被父親性侵，孩子覺得自己一定是個很糟糕、「不好」的人，所以才會被父親這樣糟蹋。她在青春期遇到很多問題與挫折時，因為這一層自卑心理讓她常常下意識地貶低自己，進而覺得活著好辛苦，一點意義都沒有。

從事發一直到就醫的這四、五年之間，個案還一直與加害者同住，甚至因為父親是家裡的經濟支柱，她選擇犧牲自己去換取家人的安穩，所以不敢讓家人知道這件事，直到她要求單獨跟兒童精神科醫生談話時，才偷偷述說此事。想一想，她就這樣孤單地承受遭父親性侵之後的痛苦與自卑，這女孩才多大啊！即使是成年人可能都無法熬過這樣的傷害，更何況是一個孩子，一想到就讓人心疼。

之後兒童精神科醫生來找我討論是否需要通報，最後當事人決定通報，但相隔已久，所以無法驗傷，我們只能亡羊補牢，陪著孩子一起重塑碎裂的靈魂。

## 性成為換取愛的工具

第二個案例是一名十六歲的女生，一直上網援交，被察覺後遭爸爸強押來看兒童精神科，爸爸還說女兒「心理有問題」。這個個案也是在十歲左右遭到家中長輩性侵，之後學業中輟、逃家，在外流連期間常常借宿網友家，有時候會以發生性關係作為交換住宿的條件。

兒童精神科醫生跟我們討論她的情況時，說了一段話令我十分震撼：女孩認為「沒有性，就不可能有愛。」她很渴望「愛」，所以她跟人發生關係，試圖從中找到被關心、被愛的感覺。怎麼會這樣呢？十六歲的年紀，不正是對愛充滿幻想，充滿浪漫憧憬的年紀嗎？原本該是美麗的豆蔻年華，是怎麼被扭曲成如此蒼涼、絕望的呢？難道是因為之前的遭遇，讓她把性當作換取愛的工具？

這兩個案例最大的不同在於一個選擇離開，另一個繼續跟加害人同住。我覺得不管是前者還後者，應該都承受極大的壓力、恐懼。曾有性侵案的倖存者，只要聽見別人路過房門的腳步聲，就開始顫抖，怕有人侵入自己房間。也許有人會問，為什麼不逃走呢？這其實跟許多家暴受害者的情況一樣，在面對加害自己的親人時，不知該恨還是愛，更擔心事件一旦曝光，其他家人會跟著受傷。情感的交雜，愛恨的拉扯，讓事情變得不是選擇去或留那麼簡單。

在這方面，我們能提供的協助也變得有限。理論上，兒童精神科醫生與心理師有保密義務，所以知悉上情也不能透露，但法律上，對於未滿十四歲之男女為性交、猥褻的違法行為也要通報。很多人不願意通報，是害怕揭露過程中的二次傷害、被否認、被指責說謊等。

在一場社政、醫療、教育與警政的跨領域會議中，曾討論過一個青少年憂鬱、自殺的案例。這個孩子也是遭遇家內性侵，經通報後已不再與加害者同住。在三個月的心理治療後，孩子的情況看來有逐漸好轉，但隔沒多久，她就輕生了。所以創傷後的心理治療、陪伴，真的是很不容易，三個月的時間要結案，真是太困難了。

兒童時期遇到的不幸，通常到國中、高中，漸漸長大了以後才敢說出來，此時又正好遇上青春期，可以試想一下這對孩子們所造成的內心衝擊、徬徨與人際焦慮，甚至對於性的恐懼，會不會影響到與別人的交往、親密行為，這不論從社政追蹤的角度，還是從孩子自我療癒的角度來看，都是極為龐大、困難的議題。

## 二，親屬關係導致不敢抗拒及揭露

有些孩子因為加害者也是照顧者，或者是家中長輩，因而畏懼反抗、揭露，害怕破壞家中成員的關係與氣氛，所以他們選擇壓抑，隱瞞受害經驗。這種權力關係的壓迫，有點類似好萊塢藝人發起的「#Me Too」運動的肇因，藝人因權勢壓迫，長期忍受潛規則、忍受性騷擾及性侵害，這種壓迫來自工作場域的權力關係，對比到親子之間，就是「上對下」的強弱勢關係。

曾經有過一個案例，當小女孩鼓起勇氣向媽媽訴說遭到爸爸性侵，媽媽卻說：「妳騙人！妳是不是要陷害爸爸？妳這樣亂講會害我們家破人亡！」挨罵過後，孩子從此就不再說什麼了，她覺得跟媽媽求救沒有用。從被性侵的那一刻起，她失去了父親，在跟媽媽述說後遭遇的責難，讓她失去了母親，權力壓迫讓她無從反抗，也無法自我揭露。

## 三，旁人的不作為導致兒少長期受害

一些孩子在被性侵後試圖向家長或親近的長輩求助，但為了維持家庭和諧及完整性，接到求救訊號的家長或長輩反而不作為、不報案，甚至指責孩子說謊，導致孩子繼續受害。

這讓我想起某個在離島發生的案例。該地區曾談及性侵案「零通報」，當時，一位社工帶著我們在其中一處離島談性侵、保護的問題，當地人卻告訴我們：「這邊沒有什麼性侵通報啦！」這是指沒有性侵案嗎？當然不是。在小島上，因為人跟人的關係很緊密，可能全村都是同一個姓氏，或者街坊都是親戚、朋友。因為大家彼此熟識，若發生什麼事情就不想通報，而是會舉行家族會議，協議由其中年紀、輩份最長的人來處理，若這個最有權勢的人選擇蓋牌，事情就這樣完結了。但這樣的加害者有受到教訓、不會再犯嗎？沒有人能保證。

因為是走這樣的「處理模式」，該地區長期零通報，社工沒有比較好的方式可以介入，這是比較為難之處。但不依循正常程序處理，也意味著當事人的情緒、創傷也不曾被好好對待、梳理，所以，即使沒有通報的情況下，社工只能盡可能用專業的力量，去宣導、協助受害者與其家庭。

## 家醜不可外揚的沉痾

另外有個長期受害的個案，是一位國中女生，從小跟哥哥一起由阿嬤隔代教養，在家人眼中，哥哥是功課好的乖孩子，她則是成績差、有偏差行為的小孩。但她為什麼和家人疏離、跟校外朋友鬼混呢？老師在輔導過程中，意外得知她自小學起，常被同房的哥哥觸碰胸部及下體，雖然曾向阿嬤求救，阿嬤卻指責她說謊。所以她認為講出來也沒人相信，便開始封閉自我，從此對家庭不再有任何的歸屬感，一心想著要打工，等可以自立的時候，就要遠離這個帶給她傷害的家。

家內性侵案囿於「家醜不可外揚」的沉痾，除了難以被揭露，這類案件的起訴率和定罪率也偏低。家內性侵案不起訴或判無罪的原因可能有好幾項：事發已久或次數太多、期間長，導致受害者證詞混淆、反覆；兒童受害年紀小，無法清楚說明經過；沒有身體傷痕或其他明顯證據；旁人誘導孩子做陳述，導致孩子的證詞判定為「被汙染」，而不予採納。加害人不會被制裁，反而是受害兒少必須離家或前往安置機構，獨自面對日後長長的創傷與療癒期，這對孩子來說實在是很不公平。

家內性侵的受害者是一場悲劇的倖存者，但更加嚴苛的是，他們也是自身命運的見證者，甚至抗爭者。而他們的人生卻經常在倖存、見證與抗爭中遭到撕裂，想要將他們從這樣的宿命泥淖中帶出來，需要受害者重新認識自己，讓自己和社會建立新關係，而其中的關鍵，就在於勇敢站出來尋求協助與揭露過程中，我們的傾聽與相信！關於這一點，我們要努力的事還有很多！

# 說不出口的求救聲

虐待發生在智能障礙兒時，最大的挑戰是其認知功能，導致調查特別困難，真正可以指認、判定虐待，讓孩子得到保護的案件很有限。然而，輕、中度的智障者也有性發展，隨著青春期來臨，也會出現生理需求，需要老師、專業人員或照顧者的引導，及早提供性教育及性侵害防治。

人家說，台灣最美麗的風景是人，我同意，不過，前提是要看面對的是什麼人。我之所以有這樣想法，是因為一個特教班老師告訴我的故事。

有一位中度智能障礙，就讀特教班高中部的女孩，十七歲的她，正值青春期，她喜歡拉著男生的手示好，或是邀請對方跟她一起參與課堂活動，總之，就是經常會表現出對異性很感興趣的樣子。有一次，老師在向同學進行性侵害防治教育時，講述了身體自主權、何謂性侵害，以及可能發生性侵的危險情境之後，這個特教生在下課時跑來告訴她：「欸！老師，我被性侵了。」

老師當下驚呆了，雖然覺得事態很嚴重，但表面上又要維持得很平靜，避免讓孩子自責、焦慮，這樣才能引導她好好說出事發經過。少女雖然表達能力還可以，能說出有發生過好幾次性行為，但畢竟認知功能比較差，所以沒有辦法很明確地指出時間、地點、對象，只說有跟好幾個不同的人發生過關係。

## 認知能力偏弱造成困境

面對這種情況，因為擔心形成「誘導性」的問答，調查者不能提供明確的選項讓她參考，於是只能等她慢慢回想。問到後來，少女才說出一個比較明確的資訊，包括時間點、場所和加害人。

根據少女的說法，她是在某一天下午，於住處附近的一個鄰居家遭到性侵，對方是住在那裡的一名男子，年約三、四十歲。有了明確的對象之後，相關單位就開始進行追查，並約談疑為加害人的中年男子，但對方提出在事發時間點的不在場證明做為反駁，而少女並沒辦法提供其他事證跟人證，案子頓時陷入僵局而辦不下去。由於性侵是很嚴重的指控，那名被指控為加害者的男子非常火大，立刻反過來控告少女誣告、妨害名譽。

智能障礙者的認知能力比較弱，會不會真的確有其事，只是少女搞錯時間？什麼情況都可能，但真相只有當事人才知道。只是少女無法明確指出對方的個人私密特徵，使得這樁性侵案件偵辦進度因而停滯。

至於被控誣告的案件，少女應訊出席偵查庭，但檢察官還沒有開口詢問，她就嚇到哭出來，一直哭著說「不要問了」、「我不要講」，然後整個人縮在一起，出現很明顯的退縮行為。

幸好，經過老師與社工的努力奔走，對方最終撤告，解除了危機，然而性侵害的真相也因此石沉大海了。指認性侵的挫敗與訴訟的壓迫感，讓原本總是充滿青春活力的她，開始拒絕上學、拒絕出門，過去喜歡拉著同學的手東奔西走的她，變成畏懼與人來往，原本的活潑、多話轉變為沉默寡言，甚至反應變得有一點點遲鈍，明顯產生了心理障礙，需要長期心理治療跟諮商才能來協助她。

## 思路不夠清晰易被誤導

智能障礙者受限於認知功能，判斷能力比較弱，比較無法體察別人加害的意圖；加上他們常用肢體接觸的方式來傳達自己的友善，例如抱抱、拉手、輕觸對方身體，因而可能造成他人誤解，尤其是青少女的主動肢體接觸，很可能被解讀為「積極同意」，增加遭受侵害的風險。

在心理層面上，智能障礙者需要倚賴他人供給生活所需，因此若加害者與其互動過程中，包含「給予和接受」的交換，例如送禮物、給錢，極有可能降低智能障礙者對侵害的反感和抵抗。

最後，也是最關鍵的因素，是智能障礙者因為思路比較沒有那麼清晰、論述也常混淆，在偵辦過程中的說詞便不為人採信，認為這一切是智能障礙者說謊、幻想，或是受人引導做出的「偽證詞」，在法律上有一定的困難挑戰。

輕度、中度的智能障礙者也有性發展，隨著青春期來臨，也會出現生理需求，需要老師、專業人員或照顧者的引導，及早提供性教育及侵害防治。

## 天真可欺成了誘姦噩夢

智能障礙者由於判斷力、認知能力較弱，如果沒有建立起身體界線的觀念，很容易陷入誘姦噩夢。他們可能會在無意中出現展露身體或玩弄器官的動作，這不表示被害人在主動示好、引誘；且在加害人的性刺激下，也可能被激起性的興奮感，然後糊里糊塗地與對方發生性關係，這也難謂兩情相悅。在性知識和表達能力不足，或受到加害人威脅利誘的情況下，常發生不知如何揭露受害之事，導致重複發生的情況。照顧者與老師必得多加注意是否有特殊跡象，例如，突然對性話題很有興趣、出現性焦慮或罪惡感、害怕被人碰觸身體、整天穿著外套或穿著暴露等衣著上的改變。

不幸遭到性侵後，被害人可能有多樣的反應，有些會感到無助、自責、恐懼與焦慮，也可能因為憤怒，產生報復或傷害自己，甚至傷害他人的想法。也有一些會從性經驗中得到情感上的滿足，覺得被愛而錯認性侵害的本質，這與他們比一般人更容易被遺棄、貶抑的成長經歷有關。發生在一般兒少身上尚且需要許多諮商與療癒的性侵傷害，若不幸發生在智能障礙孩子的身上，恐怕是數倍於一般兒少的後續照顧工作。

智能障礙者性侵案在偵辦過程中，受限於受害者的記憶與溝通表達能力，加上又容易受到誘導，缺乏蒐集證據的能力，所以要成案有很大的困難。除了訴訟結果，如何讓他們走出陰霾很重要。大家不理解智能障礙者的特性與特質，也是可怕的傷害，只有摘掉有色的眼鏡，我們才能真正的說，台灣最美的風景是人！

# 她帶孩子看了六百次醫生

相較於直接的身體虐待，罹患「代理型孟喬森症候群」的照顧者像是給孩子裹著糖衣的毒藥，藉由捏造或製造兒童的症狀，變相虐兒。明明孩子並未染病，但伴隨著疑似症狀與照顧者強烈的「關心」，孩子便一再接受不必要、侵入性的檢查或治療。

父母帶孩子四處去看醫生，這樣的行為描述，相信大家都會肯定父母的不辭辛勞，也心疼體弱多病的孩子吧！但有時候，這樣的行為不是愛反而是虐待。

幾年前有一個案例，有一名單親媽媽獨力撫養三個不滿十歲的孩子，孩子們總是生病，而媽媽也只好帶著他們四處掛號看診。請注意，這裡所說的四處掛號看診，並不是空泛的形容，這位媽媽帶著孩子們在三年內看診的次數高達六百多次，平均一．八天就會去醫院報到一次。而且即使小孩沒有明顯病徵或只是輕微的流鼻涕、咳嗽等症狀；即使醫生診斷後認為只要吃個藥、休息幾天就好，媽媽仍會堅持孩子病得不輕，要求做更多檢查，而且還要求讓孩子住院治療。

## 代理型孟喬森症候群

由於她是無後援、一打三的單親媽媽，所以當其中一個孩子住院的時候，另外兩個孩子也得跟著在醫院過夜。這表示，母子四人常常以醫院為家，但這位媽媽一點也不以為苦，這情況實在是令人匪夷所思。

某次，最小的五歲兒子住院，媽媽帶著七歲和九歲的女兒外出，就在沒有媽媽看顧的這段時間內，孩子在病床便溺、沒人清理，護理人員因此通報社工，三年多來孩子們頻繁求診的事情才曝了光，社工緊急將孩子安置。

社政單位介入後，經專家研判，這名媽媽恐怕是罹患「代理型孟喬森症候群（Munchausen syndrome by proxy）」，目前新名稱為「他為的人為障礙症（Factitious Disorder Imposed on Another）」（注釋）。這種疾病是與「孟喬森症候群（Munchausen syndrome）」相關的病症。

所謂「孟喬森症候群」，是患者會不斷向周遭的人佯稱自己罹病，並且偽造、模擬疾病的症狀，且患者通常對疾病十分熟悉，使自己表現出來的症狀，準確地符合醫療教科書中的描述，但經診斷後會發現患者其實沒生病。而「代理型孟喬森症候群」，多了「代理」二字，表示患者是虛構別人的症狀，特別是患者的子女、晚輩、弟妹等，需要照顧的對象。

舉例來說，當受害者為兒童，而患者為其家人時，家人可能向醫護謊稱孩子有腹瀉、腹痛等難以在診間直接觀察的病況，還有人會編造抽筋、癲癇等症狀。然而在住院時，醫護都「剛好」沒看到孩子發作。還有比較極端的案例，是照顧者故意在孩子的餐食中，加入致病或能誘發疾病的物質，直接加害孩子成疾。國外曾有一名媽媽經由鼻胃管多次餵食五歲兒子過量的鹽，意圖致病以博取同情，最終導致兒子死亡，媽媽被判定謀殺罪成立。

## 患者會自己當起醫生

上述個案中的三寶媽帶孩子到處就醫，描述的大部分為兒科常見疾病，但比較「模糊」的病症，像是肚子痛、頭痛，不易起人疑竇；加上兒童看診時，通常是由家屬代為發言，可能造成主訴與客觀檢查結果不同，並出現家屬引導診斷方向的情形，醫生只能謹慎評估，很難一下就發覺異狀。

曾有一個案例是媽媽說孩子發燒，要知道發燒原因很多，呼吸道感染、流感、腸病毒、中耳或扁桃腺發炎等都有可能，但個案又沒有明顯症狀，為避免錯過診斷時機，醫生按媽媽的要求，讓孩子住院接受更多檢查。住院期間，護理師要幫孩子量體溫時，媽媽很體貼地說：「你們好辛苦，你先忙別的，我量完後報數字給你們就好。」然而報上來的溫度都高於正常範圍，護理師便察覺不太對勁。以前用接觸型體溫計，只要把體溫計放進熱水量測一下，容易造假以為發燒。現在改用耳溫槍、額溫槍，比較沒辦法這樣作弊。還有一例是媽媽把經血混進孩子要送檢的尿液中，宣稱孩子血尿。

常出現宣稱的病痛，有肚子痛和癲癇等。如果家屬要求詳細檢查，有時會安排胃鏡、內視鏡。若疑為癲癇，就會安排做腦波或腦部影像檢查，可是，若非真的有病灶，做一大堆檢查也是徒勞。對於「代理型孟喬森症候群」的患者來說，就算醫生說明檢查結果一切正常，他們依然不埋單；有些患者會自己當起醫生，抓著檢查結果或影像解讀說「這裡是不是怪怪的」、「這裡是不是有個小小的陰影」、「是不是很輕微所以沒有檢查出來」，然後進一步要求開藥或治療。但他們也很靈巧，如果主治醫生看報告都很正常，懷疑是他們怪怪的，這些患者常會趕快換醫院，避免被抓包。

## 以愛為名的變相虐兒

相較於直接的身體虐待，罹患「代理型孟喬森症候群」的照顧者，像是給孩子裹著糖衣的毒藥，藉由捏造或製造兒童的症狀送孩子就醫，讓孩子接受無謂多餘，甚至會造成傷害的療程，這等於是變相虐兒。明明孩子並未染病，但伴隨著疑似症狀與照顧者強烈的「關心」，孩子一再接受不必要、侵入性的檢查或治療。這些治療對身體當然有程度不一的不舒服與風險，像照胃鏡時，兒童必須要接受麻醉，如果多次進行照胃鏡與麻醉，造成身體的不必要風險，對孩子來說就算是不舒服。

不過，「代理型孟喬森症候群」造成的情況算不算兒虐，目前仍眾說紛紜，原因其一是照顧者本身無病識感（不覺得自己有問題），主觀認定孩子就是有病，自己並不是無端帶孩子就醫。從醫護的角度來看，「代理型孟喬森症候群」的照顧者本身的確有精神問題，但他們確信孩子生了病，而且正在努力照顧不舒服的孩子。其二，所謂對孩子採取「過度醫療」的行為者是醫護人員，並不是照顧者。

支持「代理型孟喬森症候群」屬於兒虐的專家認為，不停就醫或釋放錯誤訊息讓醫護誤判，進而對孩子的身體造成過多的負擔，就應該歸屬精神虐待，也就是並非直接施暴，而是以騙人的手法，騙過醫護人員來從事醫療行為。

「代理型孟喬森症候群」常常會影響照顧者與被照顧者的長期互動，被照顧者可能有好幾種應對模式。有些孩子表現得言聽計從，當照顧者反覆詢問：「你是不是肚子痛？」孩子就接收到了「這樣講比較乖」、「這樣講比較好」的訊號，因此隨著照顧者的話宣稱自己肚子痛。有些孩子很機靈，發覺稱病可以不用上學或參加考試，可以整天跟照顧者膩在一起，得到所謂額外好處（secondary gain），也就是因病可以免除責任、獲得更多的支持與關心，甚至可以操縱他人的行為，像是要求照顧者買糖果、餅乾等，如此一來會讓孩子認為，只要吃一點藥就可以換取不用上學，非常划算，所以就樂得繼續配合扮演病人。

有些孩子則在看診時不太說話，完全交由照顧者代答，也有孩子完全相反、搶著答話，反被照顧者斥喝「閉嘴」，怕露了餡。總之，「代理型孟喬森症候群」的病徵，再加上親子、依附關係的連結，讓情況變得複雜了起來，也讓患者難以在短時間內改變行為。

## 關心有愛的誘人光環

在醫療人員眼中，照顧者很關心有愛，寸步不離、時刻守在病榻前呵護孩子的慈母、慈父形象，對「代理型孟喬森症候群」的患者來說實在是很好、很正面的誘人光環，可以稱得上是一種正面形象的成就感，甚至可以因此獲取更多好處。

國外就有案例說明「代理型孟喬森症候群」的患者是如何藉此獲得實質的資助，像之前有人宣稱孩子有白血病，利用孩子打點滴、住院時拍下的照片，在募資網站籌措醫藥費，結果馬上在社群中引起很大迴響。後來卻發現這是個騙局，孩子只是因為腹瀉所以打點滴，頭髮也是被照顧者反覆剃光，根本是人為的落髮，而非接受治療的副作用。

十幾年前，美國有一名單親媽媽，長年偽稱女兒因早產造成腦損傷，心智功能只有七歲左右，且身患多重疾病，無法正常行走及吞嚥，需以輪椅代步、以鼻胃管進食。然而，一切都只是媽媽塑造的假象，卻害得女兒長期接受不必要的手術與治療。曾有親友、醫生懷疑她罹患「代理型孟喬森症候群」，但她隨即改名、帶著女兒搬家，在異地重施故技。有很多人相信這位單親媽媽，包括「麥當勞叔叔之家」等慈善機構，曾給予物質上的協助，直到女兒成年後，因不耐母親限制其行動，協同網友殺害母親，「代理型孟喬森症候群」釀成的悲劇才被揭開。從此案可知，被迫裝病者也會有很大的創傷，所以才會引來如此強烈的反撲。

## 容易錯判孩子健康狀況

回到前述台灣的個案，三名子女年紀尚小，似乎對於一直請假住院、不用上學的情況很認命，變成一種「共病」。也就是被弄成有病的人本身不想逃，或沒有能力逃，旁人便不易察覺有異，通常要將受害者與照顧者分開，才有可能釐清孩子真實的狀態。

要中止這樣的困局很難，即使醫生覺得照顧者需要精神評估或心理治療，可是當事人通常認為沒必要，甚至連談都不願意談，曾有案例回嗆說：「我沒有精神病，我的小孩就是有生病，你們醫生若看不出來，就是你們的問題。」在醫療上，怎樣分辨是狼來了，還是真的有病？儘管各單位會從保護的角度對兒少、對高診次病人啟動關懷措施，但無法限制其看診次數。我們當然更不希望孩子在真的需要治療的時候，卻因為個人、制度對照顧者的疑心和限制，因而錯判了孩子的健康狀況。

至於造成「代理型孟喬森症候群」的原因，目前心理學家還未有定論。推測可能與幼時處境有關，也有可能是養兒育女的巨大壓力所致。有案例是透過「只有我了解孩子的病」、「只有我能照顧好孩子」的感覺來自我安慰，或是以此提升自己在家中原本的弱勢地位，但常常真正的原因無法確知。

裹著糖衣的毒藥，「代理型孟喬森症候群」的病人帶著孩子在一家又一家的醫院、一次又一次的診斷之間，到底是想控制什麼？彰顯什麼？得到什麼？依然令人費解。只是他們的這份愛，真是讓人感到沉重！

---

**注釋：**「代理型孟喬森症候群」（Munchausen syndrome by proxy）在《精神疾病診斷準則手冊》第五版（Diagnostic and Statistical Manual of Mental Disorders, Fifth Edition）中，已經正名為「他為的人為障礙症／Factitious Disorder imposed on another」）。

# 以同理心撥開攜子自殺的烏雲

如果生命中的創傷經驗都能被好好處理，這個攜子自殺兩次的悲劇是不是就不會發生？

最大的悲劇，不是悲慘的命運加諸在誰的身上，也不是發生慘事那一刻的淚水與遺憾，也不盡然是那些因而受傷，甚至死去的人們，而是你明明已經預見了，也試圖阻止了，但還是無法阻止不幸發生。

就像我接下來要說的故事。

車輛川流不息的大橋上，出現一個危險的畫面：媽媽抱著小孩坐在護欄邊。這景象嚇壞了路人，於是有人上前去把孩子抱下來，同時好言勸慰攔著媽媽，還有人幫忙打電話報警。最後母子都平安被救下，然後警方通報了家防中心和自殺防治系統。

後來才知道這名媽媽有憂鬱症，所幸孩子身上沒有受傷，所以初步判定孩子沒有受到身體虐待，但因為受到驚嚇，需要心理治療。這起事件由兒少保護和自殺防治的社工、心理師共同介入，並啟動為期半年左右的支持計畫，包括媽媽的憂鬱症治療，並委請爺爺、奶奶作為替代性照顧人力，避免孩子跟媽媽單獨相處，藉此減輕媽媽的壓力，對孩子的安全也比較有保障。

## 絕望之中的決定

在這段時間內，母子的狀況皆有明顯的改善。媽媽在固定就醫後，憂鬱症狀出現好轉的情形，自述不再冒出自殺念頭；甚至從原本無法就業的狀態，進步到準備開始新的工作。而孩子每次會談所呈現的身心狀態也很穩定，自殺防治與兒少保護都算是進展順利，隨著自殺防治的結案，兒少保護也就跟著結案了。

大家都覺得很好、很順利，這個案子的成功結案，對社工、心理師來說，是一個很大的鼓勵，給了我們繼續努力的能量。但不幸在一個月後，媽媽帶著小孩從她新公司的頂樓一躍而下，雙雙身亡！

像這類「攜子自殺」的兒少保護案件類型，死亡人數每年大約十名，占「家內受虐致死」案件的半數，是特殊的身體虐待與家庭暴力。不少「攜子自殺」的照顧者深受精神疾病困擾，或是往往身處絕望的景況中。

經濟、失業與家庭衝突等問題，是刺激照顧者「攜子自殺」常見的因素。陷入生活困境的家庭，照顧者憂心自己離世以後，孩子將失去依靠，所以萌生不如帶著孩子一起走比較好的念頭，當中隱含為人父母者想要「拯救」子女脫離悲慘世界的想法。

## 獲救也沒有比較好

大人覺得這世界很糟，或者他自己也不快樂，便覺得小孩子一定也不快樂。還有部分為「報復型」的照顧者，即雙親爭執後，其中一方在憂憤之下帶孩子一起尋死，心態上是要把對方最心愛的東西奪走，就像希臘三大悲劇裡，為報復變心的丈夫而殺害自己子女的米蒂亞公主一樣；或者自己覺得活不下去，所以也不想讓對方開心的活著，要讓另一方永遠處於懊悔的地獄中，這些都是很不幸的情況。

對於這位憂鬱症媽媽攜子自殺的案子，我們已無法問到真實的原因，但我聽過許多把自己和孩子推向死亡的照顧者陳述：「孩子留在這個世界上會被欺負，很可憐」、「沒有媽媽的孩子很可憐，所以我要帶他一起走」、「不要讓孩子留在世界上，面對很糟糕的一切」。

這些案例有的是親子雙雙被救回來，或是僅有親子其中一方獲救。

自殺未遂的家長當然必須強制接受親職教育，也要面對殺人罪或殺人未遂罪、傷害罪的刑責，但再多制裁也於事無補。被救回的照顧者一心尋死，面對起訴常常毫不在意。曾有個照顧者在法庭上說：「就判我死刑吧，愈快執行愈好。」也有人一言不發，一副「要關多久都隨便」的態度，已經心死的他們，獄中也很難有一對一的心理治療，去談施虐者行為背後的原因。

至於經歷「攜子自殺」而倖存的孩子，則注定要承擔失去父母的陰影！在如此幼小的時期，他們的生命已經歷重大創傷。想想個案中的孩子，他在被抱到橋樑護欄的那一瞬間該是什麼樣的心情？困惑？恐懼？雖然媽媽當時沒有跳下去，但他往後在面對媽媽時，會有什麼樣的想法呢？這可能已經不是單純的懼怕，而是更為複雜、矛盾、難以言說的情緒。

## 一瞬間長大的孩子

媽媽和孩子的連結中有很多依附關係與回憶，孩子的生命經驗不是只有自殺這件事，生活中的羈絆，可能會讓他同情、同理媽媽。有孩子告訴我們，他覺得家人很辛苦，可以理解家人的作為，但希望自己不要死掉。大一點的孩子甚至能明白，照顧者一直在對抗憂鬱、對抗家庭和環境的磨難，孩子雖然知情，但也不見得能幫上忙，或者恨自己幫不上忙。總之，發生「攜子自殺」案件而倖存的孩子，他們對照顧者的情感很複雜，他們無法單純地「把家人當殺人兇手」，但也不希望自己死亡。

孩子在這一瞬間長大，但這份成年禮卻是創傷！這份創傷會影響一個人的成長、人格形塑，以及面對困難的處置方式。美國研究指出，兒童時期受虐，成年後罹患心臟病、肝病、癌症、憂鬱症等疾病的機率較高，也有較高比例出現肥胖、酗酒、物質濫用、社交與情緒障礙、自殺傾向等問題。（注釋1）

「攜子自殺」的案例通常會引發大眾撻伐，在新聞、談話性節目的大肆討論下，各種煽情的言論、情緒性的發言，社會以一種道德、人性的制高點，不斷攻擊他們口中的殺人犯父母，罵他們禽獸不如，認為大人想尋死，不應該牽連孩子。

這些評斷的言論並沒有解決問題。我們應該要花時間、心力去理解這樣的父母經歷了什麼，才會走上絕路並且狠心對子女下手。例如上述案例的那位媽媽，當她進入新的環境、展開新的工作，也許遇到新的挫折跟困難，身心承受巨大壓力的情況下，導致憂鬱症可能再次復發。

## 高品質的關懷陪伴

這位媽媽的經歷已可解釋為生命中的「創傷」（注釋2），為了避免個體因著「創傷」威脅到生命安全或社會性、生活功能的運作，美國在二〇〇五年出現了所謂「創傷知情」照護中心（注釋3），希望協助經歷「創傷」的人能夠擁有長期且高品質的關懷陪伴。

人生並不是單純的因果線性關係，有太多因素、太多層面會影響我們的性格、意志，還有判斷。每個生命都有自己的創傷跟陰暗面，面對創傷的回應也不一樣，所以，我們該努力的方向，是必須設法讓因為創傷而受傷、加害、死亡的人數下降，也就是防止暴力、自殺防治還可以怎麼補強。

另一塊有待加強的則是悲傷輔導，以「攜子自殺」案來說，創傷經驗之於倖存者，是很難跨越的關卡，家族成員事後多半不願再談起，創傷就一直停留在那裡，這很需要由支持團體或專業人員來協助。而要幫助一個人的創傷經驗能夠獲得療癒，進而復原並不容易，但絕對是值得追求的目標。

想要阻止這樣的悲劇，只有深刻的同理，才能理解這些攜子自殺者更深層的心理問題，透過理解我們才能給予適當的幫助。我知道自己無法成為太陽，但我們可以試著成為一面鏡子，把光亮反射到人性黑暗陰影的那一面，讓我們收起批判，一起成為帶來光明的鏡子吧！

---

**注釋1**：美國疾病管制與預防中心提出童年逆境經驗（Adverse Childhood Experiences，簡稱ACEs），這份研究訪談一萬七千名成年人，詢問他們在兒童時期是否曾遭受身體虐待或性虐待、曾被照顧者疏忽或目睹家暴；此外，父母當中是否有人曾染上毒癮或酒癮、罹患精神疾病或入獄；以及是否有失親或父母離婚等遭遇，每一項經驗都算一分，分數加總後，連結到醫療紀錄進行童年逆境經驗與成年後的健康狀態分析。

**注釋2**：美國藥物濫用暨心理健康服務署（Substance Abuse and Mental Health Services Administration，簡稱 SAMHSA）對創傷的定義是：由一次事件、一連串事件或一系列情況所造成，對經歷其間的個人形成肢體或情感上的傷害，或對生命具威脅性，並且對個人的功能運作，以及生理、社會、情感或靈性的狀態，形成長期的不利影響。

**注釋3：**美國在二〇〇五年出現國家創傷知情照護中心（National Center for Trauma-Informed Care），推動創傷知情照護（trauma-informed care），包含四個要素（4R's）：理解創傷（Realize）、辨認創傷（Recognize）、利用創傷知識做回應（Respond）以及防止再度受創（Resist Re-traumatization）。

Chapter 3

# 行經醫療現場的蒼涼

台灣每年大約有二十件孩子遭照顧者虐死的案例，但起訴的件數卻寥寥可數，二〇一三至二〇一七年這五年的時間總計也僅有二十一件。每次看到這個數字，我就忍不住想到當我掀開那位小男孩的上衣，驚見他身上滿滿傷痕的那一幕。我們的保護系統就像是那件上衣，隱藏在衣服內的受虐兒童不知凡幾，但有誰能掀開上衣，為所有受虐兒童的問題追尋真相呢？

# 陽光笑臉下的遍體鱗傷

受虐兒的樣貌很多元，當醫護遇見正向、開心的小孩時，別忘了還是要掀開他的衣服進行檢查，也許衣服底下是「遍體鱗傷」。

我永遠記得拉起那位男孩上衣的那一刻！原來，遍體鱗傷不是成語，也不是形容詞，而是一筆一畫，記錄在孩子身上的苦難！

五歲左右的男孩坐在我面前，臉上掛著笑意，要不是學校老師發現他右手臂上有三道傷痕，疑似遭家長責打，一般人很難把他與受虐兒聯想在一起。由社工的陪同下，男孩前來醫院驗傷。男孩是有點調皮、不太怕生的那種類型，姑且稱他為「陽光男孩」吧。乍看之下，這也許是程度比較輕微的案例，不過，一如大多數的兒虐案件，隱藏在笑臉與衣服下的真相，往往比眼前所見的更為複雜，更加讓人心痛。

## 因為我不乖才會挨打

男孩笑笑對我說：「是爸爸打的，可是你不要怪爸爸喔！是因為我不乖，他才會拿『愛的小手』打我。」天真的口吻伴隨著無邪的神態讓人心疼，但在心疼之後等著我的，竟是讓人窒息的心痛。

當我掀開他的衣服，打算做進一步檢查時，現場的醫護人員全都瞪大了眼睛，倒抽了一口氣。因為覆蓋在衣著之下的，是小男孩「遍體鱗傷」的軀幹。這不是單純的形容詞或誇飾，此刻在我眼前展開的是一個小男孩的身體，這樣的景象已經脫離任何修辭的概念，這是一個孩子所受到的殘忍對待，是任何一個成人都無法承受的折磨！

孩子的背部從肩胛以下滿是傷痕，一路延伸到屁股，沒有破皮的傷口，青一塊、紫一塊的印痕層層疊疊。從傷勢看來，孩子挨打的頻率非常密集，範圍也很大，交錯的新舊傷正是長期受虐留下的明證。我仔細測量了他身上每個傷口的大小，記錄下形狀、位置和顏色，花了整整三個小時才完成診斷書。

其實我是在難過中完成這份診斷書，一邊準確描述孩子身體上的傷痕，一邊看著男孩小小的身軀，一個個相疊的傷痕暈染開來，形成一大片瘀青，看起來就像一幅令人不忍卒睹的水墨畫，深淺不一，彷彿都沾滿了孩子的哭喊與淚水。

誰？是誰能這麼無情地在這樣幼小的孩子身上，留下這般怵目驚心的印記？

把孩子帶來就醫的社工原本以為只有手臂上的傷痕，沒想到醫生進行身體檢查時，才發現孩子傷得如此嚴重，甚至落入了反覆受虐、高風險的處境中。

## 偵辦過程困難重重

之後，社工依法提出獨立告訴，我在完成驗傷診斷書之後，也做好可能得上法庭作證的心理準備，或接受檢察官、法官傳喚。希望我的證詞能幫助小男孩脫離那樣可怕的處境。

後來承辦此案的檢察官請我去描述傷痕，做了一份偵訊筆錄。根據社工轉述，孩子的父親後來承認「有打了幾下」，但堅稱孩子背部的傷勢並非他造成的，也不知道為何有那麼多舊傷。即使司法人員親眼見到孩子傷痕累累，且經過醫療專業判斷，確定那些傷勢不可能是跌倒所致。

兒虐案件從偵辦到相關罰責一直都有其困難侷限。偵辦時的舉證、定罪的認定，由於有時缺乏人證、物證，加上嫌疑人否認，導致困難重重；然而就算定罪了，施虐者往往只被輕判幾個月刑期，即使虐待致死也只會判過失。縱使引發各界撻伐，但只要新聞熱度一過，大眾的注意力就消散了，面對這種情況，真讓人不得不感慨：難道在台灣虐待、打死孩子只能不了了之嗎？難道孩子的命不是命嗎？

## 不只是起訴而已

從數字來看，台灣兒虐致死數量與偵察遭起訴案例數不成比例。台灣每年大約有二十件孩子遭照顧者虐死的案例，但起訴的件數卻寥寥可數；監察院在二〇一九年的調查報告指出，二〇〇八年至二〇一三年間的五年時間，以刑法「妨害幼童自然發育罪」進行偵查並起訴或緩起訴的案件數為零，往後幾年雖有零星個案，但二〇一三至二〇一七年這五年的時間總計也僅有二十一件。每次看到這個數字，我就忍不住想到當我掀開那位小男孩的上衣，驚見他身上滿滿傷痕的那一幕。我們的司法就像是那件上衣，隱藏在衣服內的受虐兒童不知凡幾，但有誰能掀開上衣，檢視司法與保護體系的問題呢？

由於兒童缺乏獨立自主的能力，一般而言對家庭成員有依賴性，因此聯合國兒童權利委員會曾建議，出於保護兒童免遭重大傷害的需求，並符合兒童最大利益時，才提出訴訟或其他正式干預（例如，安置兒童或帶走加害者）。兒童保護的議題必須從人的角度思考，也不是光起訴、提高量刑就能解決問題。我只是希望我們能為孩子多做一點，從人性的、法律正義的，從各種最適切的考量來阻止兒虐的情況發生。

從上述我所提到的案例中，我認為至少我們可以做到兩件事。

## 要把自己當成福爾摩斯

很少人會承認自己虐兒，我碰過很嚴重的案例，加害者就說一句：「只是輕輕打一下而已。」但孩子送來時是腦出血了，加害者還說：「我哪知道打一下就會腦出血！」

輕輕打一下，這句話代表著施虐者的辯解與孩子的無助，所以社工和醫護人員除了注意到體表的傷口，更要細察看不見的傷。醫護人員必須從外到內細細檢查，包括掀開頭髮看頭皮，到檢查腋窩、腳趾頭，甚至是屁股縫，盡可能地滴水不漏。我們經常跟社工說，觀察傷痕有幾項重點，其中之一便是耳朵，若有瘀青就必須特別警覺，因為耳朵不容易瘀青，若有瘀青，極可能是有外力用力捏耳朵，甚至拉著耳朵拖行、撞牆所造成。

文章一開始案例中的小男孩就醫時，外觀上看來只有三道傷痕，有可能是施虐者動手時，有意識的避開衣物無法遮蔽的身體部位，以減少被發現、懷疑的可能性。有些孩子臉上有瘀青，被學校老師問起，家長推說是跌倒受傷，但實情恐非如此，因為跌倒掛彩跟毆打致傷，從傷口的分布和形狀多半能分辨出來。

總之，要從蛛絲馬跡去察覺孩子是否需要幫助，一旦傷勢看來可疑，傷口的狀態、發現的位置不太對勁，就要追查下去。像是本文案例中的陽光男孩，如果沒有就醫、驗傷，恐怕會錯過水面下的冰山——被衣物遮蔽、長期受虐的證據，因而錯失救援的時機。說不定，加害者因為犯行一直沒有遭到揭發，愈打膽子愈大、下手愈重，有天若失手、失控，一切就來不及了。

## 受虐兒和你想的不一樣

個案中的男孩與一般人想像中的受虐兒不太一樣，一般人對受虐兒存有刻板印象：悲傷、陰鬱，但他在診間與我短暫相處時，表現出來的是活潑、好奇的模樣。受虐兒的樣貌很多元，跟個人自癒能力、環境，還有其他人對他的支持都有關係。

然而，這樣看來正向、開心的小孩，心理狀態未必就是如此。創傷經常是埋藏在心底很深的地方，受暴的經歷、家庭的變異，對於孩子的個性養成、人格形塑都會產生影響。有些人是透過嘻嘻哈哈的談笑，來掩飾內心的壓力、悲傷，甚至可能像喜劇天王羅賓．威廉斯一樣，帶給周邊的人歡笑，卻給自己寫下悲劇的結局。

一想到那天小男孩身上，那一層又一層由傷痕造成的暈染，我心裡一緊，祈願小男孩能平安健康的長大！

## 急診醫護人員對兒虐應有的警覺：TEN-4-FACES P

見微知著的確很困難，有些看起來明顯是小傷，到底要不要緊呢？臨床上，疑似受虐兒童的案例送到醫院時，因為照顧者常用意外來解釋孩子身體上的傷痕，必須要小心以免發生誤判。衛生福利部的《兒少虐待及疏忽－醫事人員工作手冊》中提到，醫療專業人員要能仔細分辨是虐待或是意外傷害。

所以臨床研究發現，要分辨四歲以下兒童的瘀青是否遭不當對待的方法，有一個口訣是：TEN-4-FACES P。

這是指月齡四個月以下的嬰兒身上有任何瘀傷、四歲以下幼兒有軀幹（T）、耳朵（E）、頸部（N）還有許多特定部位瘀傷，就要懷疑是虐待所致。

## 受虐性瘀傷常見部位（4 歲以下兒童適用）
## TEN4 FACES P 口訣

❶ T —— Torso 軀幹瘀傷（胸腹背臀會陰）
❷ E —— Ears 耳朵瘀傷
❸ N —— Neck 頸部瘀傷
❹ 4 —— 小於 4 個月大任何瘀傷

❺ F —— Frenulum 口腔繫帶瘀傷
❻ A —— Angle of mandible 下巴邊緣瘀傷
❼ C —— Cheek 臉頰瘀傷
❽ E —— Eyelid 眼皮瘀傷
❾ S —— Subconjunctival hemorrhage 眼睛結膜下出血
❿ P —— Patterner Bruising 圖案瘀傷（有特定物品形狀的瘀傷，例如條狀或圓形）

## 兒虐的受害者情結——從怪罪自己開始到習得無助感

尋問孩子們身上的傷痕時，要使用開放式問題（open-ended question），比方問他們「發生了什麼事」、「這裡為什麼藍藍的（指瘀青）」、「這裡為什麼有傷口呢」，盡量避免用簡單的是非選擇題來提問，或預設立場來框限孩子回答的方向，比如不能一開始就誘導式地提問：「是誰打你？」這就表示我們先入為主認定那是有人打的，我們希望孩子自然、自主描述事發經過，這樣才能盡量還原真實的狀況，也才能拼湊出家庭成員的互動情形。孩子們的應答中，有一句令我特別揪心：「是因為我不乖、不聽話，所以才被打。」

你可以想像得到，施虐者在施暴時常用的說法：「我是愛你、為你好才打你的。」孩子長期受到這樣積非成是的說詞影響，錯誤的觀念在內心生了根，甚至變成他們心中的「真實」。

我遇過不少怪罪自己的受虐兒，受害者會因為傳統價值，比如維持家庭和諧、倫理觀念，或者既存的情感連結，於是選擇原諒施虐者，甚至認同、合理化對方的行為——以愛、保護為名故施予管教。這種「受害者情結」導致受虐兒會附和施暴者的言論、袒護施虐者，將受虐的原因歸咎於自己。

受虐兒接受了施虐者（以及其他照顧者）灌輸給他的想法，慢慢轉化成自己的觀念、價值標準，也就是所謂「內化（Internalization）」。於是在面對社工或醫事人員的詢問，孩子便陳述都是自己的錯，表達出認同照顧者是基於愛和教導，而不覺得自己遭受虐待。

在我看來，這就是一種創傷！孩子因此學會貶低自己的價值、能力、信心，習慣了自己就是不乖、不夠好，才產生這樣的後果；尤其是自稱愛他的家人、照顧者這樣說的時候，很容易就深入孩子的心裡，影響他的生活、行為模式。

在一次又一次的暴力後，孩子慣於以自我貶抑的方式，來獲得心理上的平衡，也就是在內心承認自己「很爛、什麼都做不好」，來解釋那麼愛我的父母為何要動手打我。我們可以說這些孩子身心方面都遭受了不當對待，漸漸形成一種人格特質，近似心理學上稱作「習得無助感（learned helplessness）」的狀態，即自覺「無論做什麼或努力，都無濟於事，無力改變現狀」。

施虐者可能覺得「就只是打一下」，但傷害、恐懼卻是一輩子如影隨形。受虐的孩子覺得自己不乖、做得不對或不好，長期下來會影響人格發展和自我認知，形成很深的心理創傷。若後續進入司法程序，受虐兒甚至可能被明確指責或暗示「就是因為你，害這個家庭破碎」，再次遭受攻擊與二度傷害。

受虐兒少的心理狀態是個隱晦而長遠的問題，很多人覺得問題並不大，甚至認為「很多人不是都從小被打到大？還是好好的啊！」可是這想法，忽略了每個人都有不同的性格特質，並非所有人都可以活得很正向積極，或擁有很棒的自癒能力。

理論上，復原力、韌性愈強的人，愈不會受到這些童年創傷的影響，但反過來說，自癒能力弱的人，可能就會長期籠罩在陰影之中，變得自卑、怯弱，難以相信別人。待這些特質反覆出現，甚至演變成不穩定的精神狀態時，再回頭去檢視成長歷程中的挫折與創傷，往往更不容易處理，更不用說當他在成長過程中若因此尋求藥物、毒品，甚至犯罪組織的同儕支持時，社會反而必須付出更大的成本去處理這些議題，所以我們需要正視生命中的創傷，給予療癒的契機。

# 受虐到什麼程度，孩子才會安全？

我們好不容易把一個快被打死的孩子救活，但孩子又被打到進加護病房，這太不合理、太難接受了。該受虐到什麼程度，才要強制讓孩子與施虐者分離？這麼做，不是為了拆散親權，而是為了救孩子的命。

最後孩子還是被活活打死了！

我知道，我知道，身為一個醫生，寫出這樣的句子過於聳動、過於煽情。我知道我必須冷靜、必須客觀，但我真的無法接受！那麼多次的通報、那麼多次的救治，我們卻一點辦法也沒有，只能眼睜睜地看著悲劇發生！

女孩才不滿三歲，應該是最可愛的年紀，應該被父母捧在手掌心寵愛的時候，但如今只能帶著一身的傷痕離世。

## 無可奈何的努力

根據社工的紀錄，女孩長期以來遭到單親媽媽毆打，經通報到家防中心後，社工開始介入。在定期訪視時，社工都會注意孩子有沒有新的傷痕，大概經過一年半的追蹤，進入穩定狀態之後結案。

社工結案之後，相關工作人員就不需要再對這個小女孩的家庭進行訪視，而就在這段時間，小女孩的媽媽因為欠錢，連夜帶著孩子搬家，搬到距離原本生活圈非常遠的地方躲避債主。盡責的社工因為對這個已經結案的孩子放心不下，仍不斷嘗試追蹤。

沒想到，再次接獲小女孩的消息，是她被列入重大兒虐的死亡名單，進入到重大兒虐事件檢討流程，甚至因為見諸報端而喧騰一時。

通報、定期訪視、結案、再追蹤，但小女孩還是因為媽媽一次失控毆打，腦出血致死。

## 照顧壓力崩潰了

雖然讓人感到挫折、無力，但我們還是得打起精神，試圖找出小女孩為什麼最終仍受虐死亡的原因。我們發現在社工開案訪視期間，小女孩的媽媽曾接受強制性的親職教育課程，像是學習如何處理孩子犯錯、如何不生氣、不以打罵的方式教育孩子，期望能改變媽媽的行為模式，降低小女孩受虐的風險。但即使做了這麼多的努力，終究沒有辦法改善照顧者所面臨到的照顧壓力。

於是，這成為一種無解的悲劇模式：經通報開案後有社工盯著，不斷關懷的時候，照顧者沒有再傷害孩子，可是一旦結案了，沒人盯著，而照顧者又遭逢生活挫折的時候，若沒有辦法找到面對、處理問題的方式與支持系統，很容易又故態復萌，把孩子當成受氣包，把自己的憤怒發洩在孩子身上。

據說在醫院時，媽媽先是否認有虐待的情事，推說是小朋友自己跌倒受傷，扯了一些理由。但孩子到院前已死亡，身上又有條狀傷痕，醫生高度懷疑是兒虐，一查又發現是先前通報過的個案，媽媽才承認「不小心」把孩子打到昏迷。後來調查更發現，孩子身上還有舊傷，顯示她離世前的那一段時間，曾反覆遭受暴力對待。

我們試想一下最後那幾個月女孩與媽媽的相處狀況：因為躲債、搬家，媽媽壓力變得比較大，在生活的起伏跌宕之間，情緒不免有陷入泥淖、怎麼也擺脫不了負面感受的時候，此時如果有人關心、幫忙，可能比較過得去。如果負責案件的社工很擅長連結資源，能給予照顧者建議和協助；照顧者也會因為有人注意，比較不會做出失控的舉動。一旦抽離了社工這個支援系統，照顧者可能因為沉重的壓力而漸漸走回原本對待孩子的狀態。

## 要盯多久才足夠

這個案例的主責社工陪伴照顧者長達一年半的時間，結案後還自力追蹤一段時日，並非只是訪視追蹤一、兩個月那種相對疏離、脆弱的關係，但照顧者最後還是選擇對孩子施虐，這顯示出照顧者的暴力傾向，情緒與壓力管控都是長期累積的問題。

施虐者的人格養成歷經了數十年的時間，要改變並非一時半刻可以達成。當壓力、負面情緒來臨時，人會本能地以反射性的慣性處理，就像個案中的媽媽一樣，她可能也不見得想要這樣子打孩子，但在當下沒有人適時地提醒，幫她踩煞車。在這位媽媽與社工互動期間，她可能感覺一切慢慢變好，遇到困難有對象可以討論，有資源協助她面對；而當社工決定結案後，這位媽媽在遭受挫折時，不再有人陪伴與關懷，心情上會比之前更覺得孤單、無依，於是讓她回到之前的行為模式、對孩子使用暴力。

因為沒人盯著，施暴者便無法適時有人提醒而收斂其錯誤的行為，但問題是，我們可以盯多久？

這也是為什麼我覺得對於「多次通報」、「反覆受傷」的個案，我們加護病房醫生應該站出來說話的原因。醫護人員好不容易把一個快被打死的孩子救活，有的治療過程非常不容易，但孩子出院後又被打到送醫，甚至嚴重到再進加護病房，這太不合理、太難接受了。

## 生命權與親權孰重？

我曾在加護病房遇過一個被打到昏迷的受虐兒，一問才知道，這位孩童已經因受虐被通報過五次了。不只是我，好幾位跟我一樣在各醫院負責兒童加護病房的醫生，都收過這種多次被通報的個案。

某一次收到這樣的個案，當時的社工無奈的說，之前已經收案處理，在社工的職責與職權上能採取的措施都已經進行了，因為孩子的傷勢很輕，治療之後的情況並沒有危及到必須安置的程度，只能再次對照顧者提出口頭勸告。對於未來讓孩子返家之後，若又再次受虐，社工也不知道還能做什麼來防範？

有些人會認為應該就直接把孩子帶走，為什麼要讓孩子回到施虐家庭中？把孩子帶到安全的地方當然是令人放心的選擇，但別忘了，這樣做是「剝奪親權」，會對家庭產生嚴重的影響。有時社政部門也會受到關說壓力，要求不要安置或讓兒少提前返家。

把孩子帶離施虐家庭安置，聽起來很簡單，但孩子被帶離原生家庭安置後，什麼時候才能回家呢？安置就能讓孩子受到更好的照顧嗎？社工的工作重點並不是把小孩帶離原生家庭、拆散家庭，而是要幫助孩子得到良好的照顧與教養。為了救孩子而強制讓孩子與家庭成員分離（甚至是永久分離），其中的原則與要點該如何判斷？安置既不是唯一的處理方式，亦不能解決所有問題，要做這個決定，談何容易，因此受虐兒的安置與否、可不可以返家是個需要多方討論、審慎評估的議題。

## 不該把責任推給社工

可是一旦社工力排眾議決定不安置，就視同一肩扛起「孩子不會再受虐」的責任，這坦白說，誰也無法保證。但輿論、媒體、民代與監察單位等等，常常在重大兒虐事件爆發後，要求社工負責。把所有問題丟給社工絕對不合理，真正需要整個保護網絡一起承擔。

我曾遇過一個由旁系血親阿姨帶來驗傷的三歲孩子，孩子的手臂、身上有瘀青和條狀傷痕，受限於陳述能力，主要是阿姨在旁邊強調「孩子就是受虐」、「孩子的父母不對勁」，要求社工通知家防中心，並強烈要求安置孩子。

當社工詢問孩子時，孩子有說「爸爸打我」，但詢問父母，父母又否認施暴，這樣的狀況反覆出現，孩子一直帶傷、驗傷，一再通報、調查，社工也很苦惱。調查時，施虐者會得知有人在注意他的行為，短時間內可能不會使用暴力，但該怎麼解決根本性問題呢？該為了保護孩子而拆散這個家庭嗎？如何介入、改變這個家庭？怎麼做才能真正幫助到孩子呢？這是比安置否更值得思考與討論的議題。

我們都希望能幫助孩子遠離暴力虐待，但在每個重大兒虐案例中，又顯得如此無助、無奈。拯救一個孩子需要的，不僅是社工，還需要完善的保護網絡，我們需要更多的人力、時間，還有體諒！需要整個社會願意投入資源，而我們的努力遠不足夠。

# 回家！什麼時候變得如此危險

家庭的重塑是一段漫長的過程，有時候反而不要急著讓孩子「回家」。

什麼時候開始，回家也變得如此危險呢？會有這樣的感慨，是因為一件十多年前的案例。

一位年約六歲的小男童經常尿床，而且還會玩自己的大便，這就算了，他還會把大便往牆上塗抹。媽媽當然氣壞了，多次嚴厲地責打他，把孩子打得是吱哇亂叫，哭喊聲驚動街坊，鄰里聽了不忍，遂通報社政單位。社工找到孩子的時候，發現他身上有大片瘀青，而多處傷痕的顏色不一，顯示為反覆受虐的高風險族群，當下就將孩子帶離家庭，暫時安置到寄養處所。

後來經過社工查訪了解，施虐的媽媽患有躁鬱症，事發後，社工特別留意她的育兒方式，也安排她接受諮商和親職教育。

## 變調的大團圓結局

根據寄養家庭的媽媽回報，孩子在寄養期間很好照顧，行為表現看來大致與其年齡吻合，夜裡沒有尿床，也沒有用大便塗牆。

男童媽媽積極地向社工爭取讓孩子返家，除了允諾配合社政偵查與處置計畫，也對自己的行為與對孩子的傷害深感懊悔，更強調已經從這次事件學到教訓，日後會改善不當的管教方式，希望孩子能儘早結束安置，回到自己身邊。男童媽媽甚至還找上地方民代幫忙，請民代將心聲轉告社政單位。主責的社工及社工督導經評估之後，同意男童返家生活，未再聲請延長安置。

原以為這會是大團圓結局，孰料，返家後第一個晚上，孩子又尿床以及玩大便，媽媽氣急之下再次動手責打孩子；到了第三晚，孩子竟被媽媽打到腦出血、昏迷，最後送醫不治。因為才剛結束安置，返家不過短短幾天就被打死，這種發展太戲劇性，當時有許多媒體報導，輿論一度譁然，可說是一樁指標性個案。

很多人或許會問：回家與母親團聚明明是喜事，為什麼最後會變成悲劇收場呢？關鍵在於那個返家的時間點，原生家庭的照顧是否已經改善了？

## 沒有社工盯還安全嗎？

後來在相關會議檢視這起虐待致死案件時，發覺最主要的問題是：什麼時間點才是孩子適切返家的時候？回家，當然是社工、受虐兒、照顧者，甚至對社會大眾來說，最好的結局，但前提是，這個家必須是安全的，能好好照顧孩子的。最讓我感慨的，是很多人無法理解孩子之所以被帶離家安置，不就是因為家中照顧有問題嗎？如何確定已解決這個問題？如果沒有解決，返家之路將成為所有關心兒虐事件者最可怕的噩夢。

所幸目前已經有「漸進式返家」的因應策略，希望能讓受虐者的回家之路能安全一些。所謂漸進式返家，是透過「返家準備階段」，使受虐兒順利銜接返家生活。一開始孩子與照顧者可透過會面的方式接觸，會面時雙方的狀態良好之後，可以將會面的時間拉長，再漸進讓孩子回家過週末。過程中，也可以選擇先返回祖父母或阿姨等可信賴的親屬家中，而不是立刻回到原生家庭；或是短暫回家但不過夜，晚上仍回到安置處所就寢。到了返家準備階段的中後期，可利用週末假日返回原生家庭並過夜。

受虐兒在「返家準備階段」每一次從家庭返回安置處所時，社工會與其討論返家的感受和家庭狀態，孩子透過漸進的與家人重聚的經驗，去感受照顧者的狀態是否已經比較穩定，藉此建立「不會再受到傷害」、「原生家庭是可以回去的」這類的正向觀感，進而選擇返家。反之，若對於施虐者、原生家庭的經驗仍偏負面，則選擇暫時不返家。

雖然有漸進式返家這樣細緻的方式，可觀察照顧者的狀態是否適合讓孩子返家，但在執行面上仍然存在挑戰。主要的困難點在於「返家準備階段」，如何評估返家後沒有社工從旁監督下，兒童的照顧是合宜安全的。

## 孩子的行為怎麼變了？

有社工在場的時候，照顧者的言行是受到拘束的，我們期待的是，當沒有社工在一旁時，照顧者與孩子也能有良好的互動，才能降低虐兒的風險。

令人感傷的是，上述案例是十多年前的舊案，受虐孩子的「返家」過程沒有像現在推動的「漸進式返家」這麼細緻。當時評估小男孩在寄養家庭表現很正常，也沒有再出現尿床、玩排泄物等情形，情緒愈趨穩定。對於家庭成員前來探視，小男孩也表現得很開心，沒有懼怕、焦慮的神情；媽媽來看孩子的時候，雙方互動很好，探視結束、要與家人分離時，小男孩還會出現難過的神情，並且跟媽媽撒嬌、要求擁抱。因此社工認為男孩與媽媽的會面、互動良好，未出現退縮、害怕等反應。

寄養家庭工作紀錄中提到，社工詢問孩子是否會想念父母，他回答：「會想，但是不想回家。」寄養媽媽也曾問過同樣的問題，孩子都回答：「不想回家。」在晚上睡覺前，也不像其他寄養童會哭鬧要找家人，這段紀錄顯然與社工評估時的看法有些出入。

而孩子之所以會有矛盾、反覆的說法，是因為面對施虐者時的情緒是很複雜的，有時思念家人，有時又會懼怕。

案例中的小男孩是在原生家庭內因反覆尿床、以大便塗牆而被媽媽責打致死，但在寄養家庭中卻未出現這些行為，不難推測孩子因為原生家庭照顧過程中產生很大的「心理壓力」而出現這些行為。

## 創傷後壓力症候群

五歲以上的兒童偶爾還是會尿床，通常不需治療即可自行改善，但尿床次數過於頻繁或是十歲以上仍會尿床，建議前往醫院就醫，確認並非生理因素的問題之後，就必須要注意是否和心理狀態相關，其中也可能是創傷後壓力症候群（posttraumatic stress disorder，簡稱PTSD）的症狀之一，受虐讓孩子焦慮、害怕而反覆尿床，這部分需要仔細的了解、關心和調查。

孩子被送到寄養家庭後，個案媽媽原定接受十二週的親職教育輔導，就是要學習、了解親子衝突的處理方式。可惜在返家評估前，只進行了幾次，且過程中媽媽與心理師還無法良好溝通，媽媽急於離開並不配合，輔導的效果不好，這部分如果能多做一些討論，或許就能阻止悲劇的發生。

所以要幫孩子鋪好返家的幸福大道，原生家庭是否準備好了，就成為重要而困難的課題。在這個案例中，其實是需要為這對母子安排長期療癒計畫，需要明確了解這個男童反覆尿床跟玩大便背後的原因與動機。然而這就是困難所在，因為照顧者往往避重就輕，沒有說出到底做了什麼事才讓孩子如此害怕，社工問不出關鍵問題的答案，只能記錄表象的原因；以致於來到親職教育這一段，如果無法真正提供照顧者解決問題的技巧，只泛泛地談「愛孩子」、「不打孩子」這些共通性觀念，一旦照顧者在面對孩子出現狀況時，很難保證不會出現情緒失控的情形。

## 冷靜面對孩子才有用

面對孩子的異常舉動，責打不僅不會讓行為有所改變，還會讓孩子更害怕，無法真正學會改變不良行為。所以我們有必要讓照顧者理解哪些原因會觸發孩子的負向行為，理解後改變照顧者對行為的認知後，接著讓照顧者學會如何冷靜面對孩子的行為，在理性穩定狀態下，才能好好跟孩子約定行為規範，逐步減少負向行為發生的頻率。

這並不是在指責誰有過失，而是要強調如何協助與溝通。若這個孩子受責打的原因真的是尿床，其實有很多方式可以幫助他，適度地尋求醫療專業協助，可以分散照顧者的壓力，比如藥物或行為治療，媽媽不需要如此辛苦的獨自承擔這一切。媽媽可以藉由醫療體系解決自己的問題，躁鬱症控制得宜，情緒管理會好很多，這也是醫護或是專業人士可以支持媽媽的部分。

幫助孩子躲避危險，協助照顧者理解自己在親子教養上的盲點，只有從源頭做起，我們才能釐清所有問題；只有從「心」開始，我們才能去體諒每一個人存活於世的艱難。惟有如此，孩子的這條返家之路才能真正通往幸福！

# 當父母的辯解多於關心

明知道小孩子反覆受傷，卻找不到照顧的問題，所以無法改善，真的是一件讓人沮喪的事。司法證據的確要求很嚴謹，但是從醫療的立場來看，醫學影像也同樣傳遞出重要的訊息，必須要重視。

有對夫妻帶著小孩來就醫，爸爸身材魁梧，懷裡抱著胖嘟嘟的嬰兒，才四、五個月大。媽媽說寶寶一直在哭，不知道是怎麼了。醫生進行診治後，發覺髖骨下方、大腿部位有點腫。送去做影像檢查，結果發現寶寶的大腿竟然骨折了，更誇張的，是寶寶身上還有四處骨折舊傷。

一般以為一歲以下的寶寶很脆弱，很容易骨折，事實卻不然。一歲以內的寶寶全身骨頭還有許多軟骨，所以我們幫嬰兒穿衣褲，或是將寶寶放進背巾時，他們的骨頭不會像大人那樣硬邦邦，有一定的韌性。一般來說，從床或沙發跌落地上，幾乎不會造成骨折或頭部重傷。所以，眼前寶寶身上有這些骨折新舊傷，必須進行更仔細的檢查。

## 完整解釋每一處傷勢

我們向家屬解釋檢查結果，也請他們回想造成骨折的原因。爸爸說，可能是他抱著寶寶的時候，寶寶自己用力往後仰，於是他出手托住嬰兒，所以才造成骨折。但爸爸的解釋實在太過牽強，用力往後仰？出手托住嬰兒？大腿骨折？我實在很難想像這三者之間可以畫上等號。

至於其他骨折舊傷呢？令人驚訝的是，爸爸沒有以「忘記了」、「不知道」這類經典說詞來糊弄過去，而是慢慢分次提供一些可能解釋，如「從沙發掉下來」、「有個一起玩的小姊姊弄倒他」、「跟小姊姊一起在沙發上，被推了一下」。

這些說法可信嗎？我們所看到的傷勢與爸爸描述的成因，很抱歉，就是完全對不起來，而且更讓人不解的是，寶寶摔傷的當下為什麼沒有就醫呢？

然後，更讓人匪夷所思的情況出現了，這位爸爸要求我們多做各種檢查，此舉的用意是他想查明寶寶是否有先天性疾病可以解釋受傷，他還講了一些會影響骨骼發展的疾病，像是先天性成骨不全症（一般稱作「玻璃娃娃」的遺傳性疾病，病人骨頭容易斷裂），顯然是做足了功課，有備而來。

臨床上，的確有可能寶寶出現骨質疏鬆而骨折，的確要去找有無病理性骨折的可能，所以我們對孩子做了基因檢測及相關檢查，結果都顯示寶寶一切正常，排除了爸爸猜測的隱疾。

## 第一時間反應並非驚訝、不捨

由於孩子有一處骨折貫穿了生長板，未來可能造成骨頭生長停滯，甚至不排除會變長短腳，所以未來可能要反覆做骨頭延長術，也就是把骨骼切斷，再讓它自己慢慢癒合、拉長，療程會比較長，孩子反覆手術治療很辛苦。

當我們向家屬說明時，爸爸竟然只問：「那他將來是不是不能打棒球了？」我不太能確定爸爸的口氣是開玩笑還是認真的，但提問的時機實在令人驚訝；又加上聽到寶寶多處骨折時的第一時間反應並非驚訝、不捨，擔心孩子會痛，而是忙著找理由：「哎呀！我想起來了！有一次……。」這位父親的種種言行讓我們很疑惑：他真的在意孩子的不舒服和未來健康嗎？

一般父母在面對這種情況時，通常都是急著問骨折會不會讓孩子很痛？對於孩子未來的成長有何影響、最壞的情況會如何、有沒有建議的治療等，他們擔心的、在意的都是孩子的未來，很少像眼前這位爸爸這樣，一直在解釋孩子過去受傷可能的經歷，好像急著撇清什麼似的。

爸爸的反應引起了眾人的疑慮，即使家屬堅稱沒有虐待小孩，但四個月大的嬰兒竟有五處骨折，這算是很嚴重的傷勢，需要深入調查。於是，家防中心啟動了「檢警早期介入偵辦」的程序，先將孩子暫時安置在醫院治療骨折，出院後再前往合適的安置地點，查明後再決定讓寶寶返家或另作安排。

## 孩子連抱都不給抱

會做出這樣的安排，絕非只是我們單純心中有懷疑而已。一般來說，將四個月大的嬰兒放在小床或沙發上，因為他們還不會翻身、不會爬行，所以不會自己無端摔落，小嬰兒沒有那個力氣去移位、去滾動，所以一定是外力造成。有研究指出，家屬主訴「兒童由床上跌落或自行滑倒」的死亡率超過兩成，而「兒童由高樓（超過二層樓）跌落或車禍高速撞擊」的死亡率卻只有六％！對照之下，為什麼床上跌落或自行滑倒的死亡率高出這麼多？這二十％與六％的差距，答案不言可喻。

寶寶在安置期間的某一次會面，也令我印象深刻。探視時，寶寶一被爸爸抱起來就大哭不止，說也奇怪，當其他人把他抱走後，馬上就不哭了，反覆嘗試兩、三次都是如此。惱羞成怒的爸爸就當著眾人的面大聲咆哮，指責社工讓小孩跟家人分離、疏遠，才會讓自己的孩子「連抱都不給抱」。但我們旁人看來，這是滿可疑的跡象，四個月大的孩子不會說話，只能用哭聲來傳遞訊息、表達感受，眼前這一幕，讓我們都感受到孩子的不安。

我推斷孩子身上那些骨折，比較像是虐待型的傷勢，因為斷裂的形式類似扭毛巾的施力方向，形成螺旋的切面，因此在「傷勢鑑定報告」書中，載明的結論是「人為外力所造成的骨折」，排除了疾病，直指「人為」因素，高度懷疑兒虐。

孩子因為沒有查出其他外傷、瘀傷，三個月後就解除安置，送回家屬身邊。家屬在孩子返家的隔天，解除出境限制，全家就馬上出國，離開台灣。

當時檢察官不起訴的理由是因為證據不足，沒有對應到「人為」、「高度懷疑兒虐」的事證。孩子的將來會如何，會不會再繼續發生各種「意外」，隨著他們離境，我們也無從得知。

## 變相保護施虐者

這個案子在缺乏證據的情況下，也不可能永遠安置，但明知道小孩子反覆受傷，卻找不到照顧的問題可以改善，真的是一件讓人沮喪的事。難道一件件可疑的兒虐，最後只能當成意外結案？我認同司法有其職權與專業，也知道司法上的證據要求必須嚴謹，只是從醫療的立場來說，醫學影像與檢查結果也同樣傳遞出重要的資訊。

其他兒少保護醫療中心的醫生曾跟我分享過一個實例。有個到院前心跳停止、緊急就醫的孩子，最後沒有救回來，在加護病房過世。隔天，當院內兒少保護醫療中心審視個案的電腦斷層檢查報告時，懷疑有「受虐性腦傷」，於是提醒家防中心，務必轉告檢察官進行司法相驗。當社工聯繫檢察官時，才得知孩子過世當天，因為檢方已開立死亡證明，已將遺體交由家屬處理後續喪葬事宜，不到一天的時間，孩子的遺體已經火化完畢。

醫生覺得這太奇怪了，前一天中午過世，醫院轉報檢察官，檢方認定猝死就結案了，接下來的幾個小時，家屬就火速辦完了所有手續，送走了孩子，是什麼原因必須這麼倉促行事呢？

不懂家屬的想法，孩子就突然死了，真相是什麼？然而所有的懷疑與證據，甚至連淚水，都已隨著孩子的火化消失了，留下來的，只有在我心中永遠無法抹去的問號而已。

所以「早期介入」真的很重要，若兒少保護的司法相關網絡沒有意識到兒虐的可能性與嚴重性，讓一切就這樣輕描淡寫地帶過了，讓人覺得打死小孩也沒關係，這難道不是變相保護施虐者了嗎？

這是多年前的舊案，幸好這些年大家的警覺性已提高，希望這樣被「忽略」的案例減少，更希望從案件源頭——不當照顧、虐待——都可以愈來愈少。

# 最愛的人帶來最深的傷害

孩子想不透為什麼應該是愛自己的家人，竟會如此殘忍，自然會難以相信任何人，冷漠看著這個世界，這些身心創傷影響深遠，甚至讓這樣的暴力與傷害繼續在社會上擴散、代代相傳。

到底是怎麼樣的人會對孩子做出這樣的事？

每當午夜夢迴時，總會突然被一些處理過的案例拖進對人性幽闇面的茫然中。我當然明白這樣的問題與感慨，對醫生的專業來說是過於情緒化的傾斜；我更知道，追求這個問題的答案，對於身處在兒少保護世界的我來說，實在太過奢侈。但我真的希望有人能告訴我，這一切是怎麼回事。

故事是這樣的。

醫院曾收治過一名年約八、九歲的小男孩，他全身八成的皮膚有「深二度」以上燙傷，因為我所屬的台大醫院有專責的燒燙傷中心，所以家防中心將孩子從其他醫院轉送過來救治。

孩子剛送來的時候，全身發紅、發皺、起大水泡，到處都是脫皮的痕跡，脫皮的部分露出紅色血肉。光是這樣形容讓人覺得很痛，遑論正在承受這一切的小男孩了。

## 找不到可下針打點滴的地方

因為大片皮膚燙傷後失去保護、防止體液流失的功能，會導致水分快速散失而引發低血壓、休克，有生命危險，醫療團隊立刻幫他緊急治療，但接下來的場景讓整個團隊寒毛直豎！你能相信嗎？孩子竟然會傷到全身沒有一處可下針打點滴，我們就只能從頸部放置了中央靜脈導管，才能幫他治療。

到底發生了什麼事？為什麼會如此嚴重呢？

家長說，事發前正準備幫小孩洗澡，平常都是用大賣場買來的移動式大澡盆坐浴，當天也不例外，只是在用澡盆接熱水的時候，短暫離開一下浴室去忙別的事情，回頭就發現孩子因為急著要洗澡而跌進澡盆裡，被熱水燙傷。

最基本的預防燒燙傷宣導都會提及洗澡水的準備程序，一定是先放冷水，再放熱水，放水時更是需要有照顧者在一旁，不能獨留兒童在浴室。宣導中也會提醒家長，要教導幼童水龍頭也可能燙手，所以不可以自己單獨進入浴室或自行轉開熱水的水龍頭，更不可以讓幼童自行進入澡盆。

## 傷勢堪比八仙塵燃事件嚴重傷患

所以這只是單純的疏忽嗎？

最初收治的醫院不認為這只是疏忽，所以通報家防中心。醫院並不相信的原因在於八、九歲的小男孩，身高有一百二十公分左右，以移動式澡盆的高度、深度來看，要跌進去然後爬不出來，這樣實在太不合常理。此外，孩子身上傷勢較不嚴重的區域，很明顯就是有穿著內褲的地方，所以可以推論孩子是穿著內褲進澡盆的，家長的說法未免太不合常理。

醫療人員詢問家屬，當時澡盆中的水有多深？得到的回答是大概十五公分高，這讓人更疑惑了；雖說十五公分的水深也可能造成局部燙傷，但小孩子身高已有一百二十公分，不可能出現八、九成這麼大面積的燙傷。

這一切顯然已經超出疏忽的範圍，因為孩子燙傷嚴重程度，甚至可以跟幾年前八仙塵燃事件嚴重的傷患相比，這是非常大面積受傷。

## 外科醫生模擬還原真相

面對一連串聽起來疑點重重的家長說詞，院內專治燒燙傷的整形外科醫生找了多位醫生討論，集合眾人見解，開始著手查證，甚至買來一模一樣的澡盆，模擬可能致傷的情況。經過實際模擬後發現。因為小男孩單側傷勢比較嚴重，推測小男孩被施虐者抓住右手、右腳，強制反覆浸到熱水中，且確知水深不只十五公分，水溫也遠超過可以泡澡的溫度。總之，種種跡象都指向孩子是被人抓住、浸入高溫的熱水，雖然孩子試圖掙脫，仍多次被強按入澡盆，造成「虐待型燙傷」。

失控的大人、掙扎的男孩、濺開的熱水，還有從浴室流竄而出的哀嚎聲。這一幕，這一刻，這一切，如此不堪的想像，就這樣永遠定格在所有人的記憶裡。

後來根據檢察官偵查的結果，是媽媽的同居人所為，而令人感到悲哀的，是男孩的媽媽當時也在場，但卻沒有制止。男孩在調查過程中的陳述並不多，一如他住院時的安靜、沉默，但據說有提到媽媽曾在事發時在一旁幫腔：「讓你吃點苦頭，看你以後會不會乖。」而此案例令我印象深刻之處，也就在於治療期間男孩與媽媽的互動。

## 不願意看向媽媽

孩子的呼吸管被移除後，我們讓媽媽進到加護病房探視。她帶了食物，護理師提醒她，先不要餵孩子吃東西，要先和醫生確認一下孩子能不能進食。說也奇怪，媽媽明明聽到了護理師的叮囑，卻還是一言不發地拿出食物打算餵孩子吃，而就當護理師走上前阻止的時候，直接目睹讓人心碎的畫面：小男孩馬上別過頭去，完全不理會媽媽。

醫護人員遇過的燙傷小病人也不算少，通常小朋友看到媽媽的時候，大多會哭泣或是撒嬌，喊這裡痛、那裡痛，用各種方式表達情緒，希望媽媽給他疼惜「秀秀」。可是眼前這個小男生在看到媽媽來探望自己時，完全沒有任何反應，沒有什麼表情，甚至轉過頭不想理會媽媽。護理師說看到這一幕時，內心頗受衝擊。

我也曾在病房看過母子二人共處的情況，孩子一臉漠然，彷彿遺失了表情，空洞的眼神時而望著天花板，時而望向窗外，但就是不願意看向媽媽這一邊。母子沒有任何互動，蒼白的病房，蒼白的情緒，讓人以為來到了極地。

我可以理解孩子的心情，那是足以冰封一切感情的心寒。當孩子被人抓著手腳泡進熱水中時，在他大聲哀嚎求救之際，自己的媽媽不但沒有挺身而出試圖保護他，甚至還在一旁冷言冷語的幫腔！男孩有理由覺得自己遭到媽媽背叛，這比皮膚上的折磨更讓人痛不欲生。這種椎心之痛，甚至可以說是恨，讓男孩整個治療過程，即使再痛苦，也拒絕向媽媽求援、訴苦。在他小小的心靈裡，否定了親情也否定了自己，沒有人值得信賴、沒有人可以依靠，男孩把自己內心封鎖起來。每一次換藥、治療，我們都覺得孩子很辛苦，但他就算是痛也完全不吭聲。

## 沒人陪伴的漫漫復健長路

孩子的母親與其同居人很快被羈押、判刑，不再有媽媽陪伴的小男孩面對著漫長而艱辛的療程。雖然後續有其他親屬陪著他接受治療，但小男孩似乎早已認定自己將孤立無援似的，以一種讓人心疼的沉默，努力咬牙撐過治療過程中的一切痛苦。

用痛苦一詞來形容治療燒燙傷的過程實在太雲淡風輕了，那是連成人都很難捱的煎熬。從最初開始，必須反覆手術清理傷口，割除死肉，注意減少感染，除了用抗生素，還要每天換藥換敷料，把敷料撕下來，塗好藥膏，再貼回去，全身換一次藥，得花上好幾個小時，每天至少兩到三輪。過程中當然會給止痛藥，但想像一下，全身都是深度的傷口，就算有止痛藥，還是會非常痛。

等到急性期過後，傷口表面會開始結痂，邊緣會開始發癢，或是滲流組織液。慢慢的，結痂部位會變硬、緊繃，導致周圍皮膚等組織失去彈性，然後逐漸壓迫影響血液循環，所以必須反覆手術，開刀移除結痂和壞死的組織。初期比較頻繁，接著慢慢拉長間隔，出院後還得視情況反覆住院檢視傷口，持續處理至少兩、三年，甚至更長。目前男孩已經進行療程五年多了，他還在持續努力處理傷口與復健訓練。

由於疤痕組織增生會影響肢體功能，若整條手臂都是深度燒燙傷，癒合期間手不太能動，只能看著它結痂、清創，再結痂、再清創，長期下來，關節跟肌肉的功能都會變差，得靠努力復健運動，來盡量重建與維持正常關節活動度及伸展疤痕組織，把力量和靈活度找回來。

這條辛苦的復健漫漫長路，男孩走的很辛苦，也很孤獨。看著他的背影，我忍不住想著，身體治療與復健雖然辛苦，但終會有復原的一天，但受傷的心靈呢？

## 協助孩子重拾對人的信任

如果大家有看過嚴重燒燙傷的傷口，那是連醫護人員都覺得痛的傷勢，更別說是孩子的家人、長輩故意害他受傷，這比意外燙傷的情境，是更加惡質的恐怖。個案中男孩媽媽的旁觀與幫腔，想想孩子會有多心寒、震驚與不解呢？因此男孩在病情穩定之後，開始接受心理諮商與治療至今，心裡創傷還是很嚴重，讓孩子不是很願意表達與說話。

想想，孩子的人生就在那幾分鐘完全改變了。身體的外傷這部分會慢慢好起來，但是會留下明顯的疤痕，往後他必須終其一生去面對就學、就業、交友，以及社會生活等種種問題。孩子終會長大，到青春期時會面對偌大的身心轉變，對別人的看法會變得更敏感。那些關於他外表、家庭狀況的話語，即使再怎麼無意都可能刺傷他脆弱的心，這是男孩未來生命中要繼續面對的生命課題。

但最艱鉅的挑戰，是孩子心裡不知何時才能痊癒的創傷。

心理治療最重要的核心是重構孩子對人性信任。在受傷之際，孩子想不透的是為什麼應該要愛自己的家人，竟會如此殘忍，遭到家人背叛的孩子，自然難以再相信任何人。孩子不願意再跟媽媽互動，以堅強包裝的冷漠來看待這個世界，這些都是孩子內心受到深度創傷後，用來保護自己，最血淋淋的真實反應。前面提到治療、復健過程的辛苦，他幾乎不吭聲，說明了那是因失望、心死而成為的漠然。通常在這樣的情況下，心理治療會很困難，因為建立起信任連結要很久的醞釀與支持，必須以深度陪伴等待孩子願意開口分享，所以心理治療需要長期觀察、互動，才有機會協助孩子重拾對人的信任，並安撫烙印在他心中深處的創傷。

## 漣漪效應帶來的悲劇

兒少虐待與疏忽最可怕的，是這些身心創傷對受虐者生命深遠的影響，甚至有時候暴力會這樣擴散與傳承下去。這些受虐兒在未來可能會因憂鬱而出現自殺、攻擊等暴力行為，更可怕的是，已有許多研究證實這些童年逆境（Adverse Childhood Experiences,ACEs）真的會引發影響孩子人生的漣漪效應，甚至讓這樣的暴力與傷害繼續在社會上擴散、傳給下一代。所以，一個成年照顧者對於兒少的暴力與傷害，哪怕只是短時間的失控或虐待，整個社會就被迫要承載這些虐待與暴力事件傷害孩子所造成的後果。

兒少虐待之所以可怕，不只因為暴力會在身體上留下傷痕，還有讓一顆心，從此扭曲、封閉！當年的小男孩現在已經快成年了，在醫院裡，我們會傾全力照料他的傷口，在醫院外，我衷心祈願，他能重新感受到愛與被愛，這個世界還有許多良善與美好在等著他發掘！

# 嬰兒猝死謎團

國外研究，受虐性腦傷最常見的原因是嬰幼兒哭鬧不停，讓照顧者失去耐心，因而發飆抓起孩子猛烈甩動、搖晃。我希望讓大家理解嬰幼兒腦部的脆弱，重點不是要處罰照顧者，我們真正希望的是讓大家認知到「不能這樣對待孩子」。

一位外籍媽媽帶著兩個月大的小嬰兒來就診，她表示孩子有嗜睡、吐奶的情況，覺得怪怪的。問診後才得知，她為了安撫孩子，曾用力搖晃嬰兒，但她說完全不知道這樣做會有這麼嚴重的後果，甚至還在我面前重現搖晃嬰兒的動作。

根據她的描述，因為小孩一直哭鬧，她尿布換了、奶也餵了，能做的都做了，孩子仍哭鬧不休，她在失去耐心之下把孩子抓起來晃一晃，沒想到孩子竟然不哭了，不知道是被搖到頭暈，還是哭累了，總之，孩子停止哭鬧了，所以媽媽認為這是有效的做法。

我問她搖晃孩子過幾次、每次大概多久時間，她說記不清了，只說前些日子只要孩子不好哄，她就用這方法。起初很有效，但後來變得沒有什麼用，孩子還是繼續哭，於是她就加大力道，搖到孩子靜下來。

## 育兒知識不足的遺憾

媽媽的敘述讓我膽戰心驚，因為根據媽媽所述，當時孩子恐怕已累積多次猛烈搖晃後的腦傷，後續檢查也證實有腦出血與水腫，可能造成後天腦性麻痺。「受虐性腦傷」

其中一項特徵就是頭部沒有外傷，因為腦水腫、腦損傷從外觀上可能完全無法辨別，反而造成延遲就醫。

這是一個有點久遠的案例，當時針對搖晃嬰兒症候群沒有要通報，我也沒有對媽媽說出「妳虐待孩子」這類的指責，我只是覺得心裡彷彿有一塊大石頭壓著，唉，因為育兒知識不足所造成的遺憾與影響，對孩子和照顧者來說是一輩子沉重的負擔。

這是第一個照顧者向我承認自己有搖晃嬰兒的案例，我想她之所以會承認，大概是真的不曉得用力搖晃寶寶會造成致命傷害，因為其他的疑似案例，照顧者總是用各種理由搪塞，但就是不會承認自己因不耐煩嬰兒哭鬧而動怒，也不會說出自己有不當對待。

## 受虐性腦傷

有父母擔心跟寶寶玩「飛高高」的遊戲，是不是就會發生所謂的「搖晃嬰兒症候群」（shaken baby syndrome）而導致寶寶出現腦傷的情況？目前國內外的兒科醫學會都已認定，一般的搖晃並不會讓寶寶腦出血。為了避免病名造成誤解，二〇〇九年美國兒科醫學會（Academy of American Pediatrics）提出以「受虐性腦傷」（abusive head trauma）的新名稱來包涵所有虐待型的傷害，包括「搖晃嬰兒症候群」。台灣的兒科醫學會依國際共識，也沿用這個名稱，目的就是要明確指出這種腦部傷害實為兒虐所致。

「受虐性腦傷」大部分發生在五歲之前，尤其是六個月以下嬰幼兒較為常見。大腦是結構脆弱的器官，不論大人或小孩皆然。軟如豆腐的腦部，靠著外層堅硬的頭蓋骨包覆保護，而頭部是依靠脖子支撐，但是嬰幼兒頸部的支撐力還沒發展完全，所以我們抱著嬰兒的時候，若沒有支撐好嬰兒的脖子，寶寶的頭部就容易晃動。劇烈晃動會導致嬰兒的大腦撞擊堅硬的頭蓋骨，造成撞擊部位受傷；若再加上反作用力，會讓對側也發生撞擊。

如果將嬰兒的頭部前後猛烈搖晃、甩動，力道大到頭骨跟腦組織的加速度不一樣，就好像高速公路上發生追撞車禍，前車突然急停，後車因為有個前進的速度還有慣性，沒辦法馬上煞停，就會往前撞擊。所以當頭部劇烈晃動時，即使頭骨停住了，但內裡的腦組織仍在晃動，就會直接撞擊在堅硬的頭骨，形成大面積腦部損傷，並因腦血管的拉扯而腦出血。

若排除其他疾病的可能性，典型的「受虐性腦傷」綜合症狀包括：嚴重腦病變與水腫、顱內出血（硬腦膜下出血、蜘蛛膜下出血）與視網膜出血。若腦腫脹嚴重，往下壓迫到主宰呼吸、心跳反應的腦幹，寶寶就有可能因此休克、死亡。

## 是否受虐難以斷定

接到受虐性腦傷的案例時，照顧者最常說的理由是「高處墜落」。雖然墜落的撞擊也會造成腦出血，空中甩動的程度也可能造成視網膜出血，確實與受虐性腦傷類似，但國外研究顯示，兩歲以下的幼童從約九十公分甚至一百五十公分高的地方落下，幾乎不會造成嚴重腦傷。

幾年前，一名九個月大的男嬰，因不斷哭鬧、嘔吐，由父母帶去就醫，醫生診斷男嬰腦出血且情況危急，必須轉送大型醫院。男嬰後來接受腦部積液引流手術，手術雖然成功，仍留下癲癇及視力受損的後遺症。當地社會局將男嬰安置並報請檢警偵辦，可是男嬰身上無其他外傷，無法斷定是否受虐。

據報導，男嬰每天由父親以包巾揹著，騎機車往返保母家，所以父親辯解是包巾的支撐力不足，加上路況顛簸，導致男嬰頭部過度晃動。然而，一般的搖晃並不會導致腦出血，真正造成腦損傷的原因是猛烈、重複、加速的頭頸劇烈運動。如何定義「猛烈」呢？國外研究指出，大約是每秒二到四次、持續五秒以上的快速甩動所產生的作用力才有可能造成腦損傷。

## 腦傷的說服力不如一道瘀青

某間醫院的急診室曾收到一個病例，是一個月大的小嬰兒，到院時整個人發紫，到院之前已經停止心跳，若沒有經過醫療進一步的急救。這種到院前心跳停止的個案存活率通常不高，所幸經過醫院緊急動員，好不容易才把孩子從鬼門關前搶救回來，之後轉診到我服務的兒童醫院。在加護病房接手後，情況有點像在辦案，必須抽絲剝繭找出病灶，才能避免他再一次心跳停止。

這個寶寶沒有明顯外傷，我摸了摸他頭頂的囟門（骨頭與骨頭之間的縫隙），發覺「鼓鼓的」，正常的囟門應該很平坦，突出或腫脹可能是疾病的徵兆，例如，腦膜炎、腦炎、腦水腫，所以囟門是我們兒科醫生一定會檢查的重點，凹下去代表脫水，鼓起來就代表腦內有異狀。

透過檢查，我確認嬰兒有視網膜出血和腦出血的情況，因此符合「受虐性腦傷」的認定。以此為線索，加上他曾兩度因心跳停止送醫，可以拼湊出寶寶腦傷的歷程，大概是過去幾週到二十四小時之間，孩子因為腦水腫而擠壓到「生命中樞」延腦，造成心跳、呼吸停止。

假如這個寶寶沒來得及送醫、沒有遇到原本送醫的強大醫療急救團隊，可能就被當作「嬰兒猝死症」（注釋）結案。

臨床上，偶爾會遇到孩子身體無其他外傷，只有腦傷；腦傷的嚴重程度會令孩子失明或終生臥床，儘管會有如此嚴重的影響，但要被認定為兒虐卻不是容易的事。受虐性腦傷的孩子，往往得伴隨視網膜出血，或瘀青、骨折這些身體虐待的證據，才會讓部分社工或其他人相信這是兒虐，進而安置、調查。我也曾遇過法醫面對腦出血、視網膜出血、腦水腫俱全的狀況，仍不認同該案例是「受虐性腦傷」的典型情況。

## 不能這樣對待孩子

美國估計，「受虐性腦傷」占所有兒虐案件的十％，比例其實不低，且死亡率高達二十五％。就算存活下來，也會有嚴重的缺氧性後遺症。所以我希望讓大家理解嬰幼兒腦部的脆弱，並對於「受虐性腦傷」擁有正確的觀念，重點不是要處罰照顧者，我們真正希望的是讓大家認知到「不能這樣對待孩子」。

國外研究受虐性腦傷最常見的原因，是嬰幼兒哭鬧不停，讓照顧者失去耐心，因而發飆抓起孩子甩動。我知道有些人對哭聲很敏感，有些人則不然，但無論如何，必須要知道有些失控的動作會造成難以挽回的後果。若覺得情緒緊繃、有壓力時，務必先讓自己冷靜下來，如果可以，讓其他家人替手、幫忙照顧，自己先離開現場。

最後，哭是嬰兒和大人溝通的方式之一，寶寶哭的原因有很多，除了肚子餓、尿布濕、想睡覺，也可能因為包布卡住手腳或衣服穿得太多、太熱，或是身體有不舒服；嬰兒哭鬧不停時，大人千萬別跟著失控，不可以用力搖晃寶寶、不可以將寶寶拋到床上或甩耳光。一旦自己有上述這些行為，務必儘速將孩子送醫，因為「受虐性腦傷」死亡率高而且容易留有後遺症，所以就醫時，不要因為罪惡感或尷尬而不敢吐實，及早讓醫護人員做正確的診治，有助於避免永久性的傷害。

**注釋**：嬰兒猝死症——指的是一歲以下嬰兒突然死亡，且經過完整病理解剖，解析死亡過程並檢視臨床病史等詳細調查後，仍未能找到死亡原因者。

## 重傷受虐兒拔管——誰來決定寶寶怎麼活？

醫院曾經收治過一名兩個多月大的寶寶，先是一直吐奶，後來昏迷、沒有反應。檢查後發現腦部有很大一片出血，還有眼底視網膜出血、腦水腫，壓迫到生命中樞，所以失去意識，這是很典型「受虐性腦傷」的症狀。醫療人員緊急幫他插管，動手術取出血塊，但很不幸，雖然經過努力搶救，但仍然無法救回「腦死」的情況。

「腦死」是指掌管呼吸、心跳、血壓等生命中樞功能的「腦幹死亡」，腦幹受損，代表病人無法自主維持呼吸、血壓和心跳，只能暫時靠維生設備（例如呼吸器等）維持生命很短的時間，但後續很快會死亡。

腦死的病人的心跳遲早會停，離開只是時間的問題，接下來便是家屬與醫療團隊的抉擇：要怎麼樣照顧病人最後一段時間？拔管的時機點？拔管後到死亡的時間，可能是幾分鐘、幾小時，或甚至幾天，少數則維持幾星期，若拔管後呼吸不費力，心跳可能維持更長的時間。然而，拔管之後，常見病人的呼吸變得費力，必要時醫療會給予藥物，以減少病人的不適感。如果選擇不拔管，也可以有一些相應措施，例如不再用強心劑，順其自然，跟隨孩子的病況去調整。

## 拔管的兩難——告別生命VS.減輕痛苦

拔管的決定在兒虐案件中有其特殊性，各式各樣的情境需要仔細思辨，理論上應由病人家屬同意是否拔管，但上述案例中的男嬰，父親已被停止親權，暫時由國家代行，撤除維生醫療的拔管，是包含倫理與法律問題的重大決定，光憑醫生與政府社工，能不能做這個決定呢？即使法律上讓政府社工代行親權，但涉及生死議題，決策的過程對社工是不可承受之重。

這個嚴重、具爭議性的個案，從醫學的角度看，在已經腦死的情況下，拔管應該是個合宜的選項，若孩子繼續承受無效醫療，雖然可能延後死亡，卻只是平添痛苦。因此建議，至少不要施行無效的急救措施，不要壓胸、電擊，因為腦死之後，生命本來就無法長期延續，任何急救治療只是額外的受苦折磨。

社工與督導多次討論後，幾番猶豫，認為事關生命權，還是決定尋求小男嬰父親的意見，徵詢後，父親同意撤除維生系統，只是在這往返思忖之間，還未等到拔管，小男嬰就走了。

兒虐個案的安寧照護，如同這兩個月大受虐兒討論拔管時的情形很雷同，有可能家屬就是施虐者，所以很難像一般的家屬那樣，共同討論照護計畫或提供哀傷輔導，因此服務家屬的內容會比較容易受限，實際情況是很多施虐者、嫌疑人當時正被羈押，我們也很難接觸到，這樣子是個很大的挑戰。

有時候社工會想安排讓在押的施虐家屬見孩子的最後一面，但有的家屬卻不想見。為什麼呢？背後原因可能很多，也許是不敢看，也許是不忍看。我曾遇過有的家屬十分懊悔、難過、自責，痛哭說自己不應該這樣傷害小孩，有一個個案是爸爸把小孩打死，他說：「我不知道我力氣那麼大，會把小孩打死！」

這樣的反應算是後悔嗎？我也不知道。但是情緒激動到把一個人往死裡打，一定不會是打一下就致命，而是反覆多次、激動、失去理智、無法控制的痛毆，才會把人打死。無論如何，孩子不應該這樣被對待，孩子可能永遠也不懂，為什麼應該是最愛他的家人會這樣對待自己。

## 後記

# 未來的種種可能

保護兒少不應該只是父母的使命，而是國家也應該支援的責任，每一個孩子都應該獲得基本的照顧，以及確保兒童的基本權利。這是無可撼動的普世價值，是我們要一起去捍衛、保護的。他山之石，可以攻錯，面對讓人傷心的兒虐事件，我們可以憤怒，但不能放棄，因為我們還有很多事要做，也許可以參考其他國家的兒少保護做法。

## What's next?

預防才是建立兒少保護網的起點，才是建構兒少保護網最重要的核心概念。兒少保護的重點不能只是在孩子受傷之後的治療與復原，而是要孩子受傷之前阻止問題擴大發生！

我們該做些什麼？

在知道了這麼多悲傷的故事之後，除了嘆息以外，我們還能做些什麼來保護我們的孩子？

我知道，這個問號看起來是如此的艱難，這麼多的眼淚，這麼多的傷痕，這麼多令人不忍卒睹的案例。但即使情況如此讓人沮喪，此刻的我們，還是有些事情可以做。

而這些事的重點就是預防！

當你看到孩子身上的傷勢的時候，你可以多問自己一些問題：

這個傷勢常見嗎？

符合兒童的發展年齡？

發生的部位常見嗎？

有無特殊樣式？

有無清楚說明發生經過？

發生經過可以解釋為何有此傷勢嗎？合理嗎？

兒童有在高風險環境嗎？

兒童有讓我不放心的地方嗎？

## 預防才是王道

這些問題可以說是建立兒少保護網的起點。因為「預防」才是真正建構兒少保護網最重要的核心概念。兒少保護的重點不能只是在孩子受傷之後的治療與復原，而是要孩子受傷之前阻止問題擴大發生！

只有事先預防傷害與暴力的發生，才能真正防患於未然。

如果你是孩子的親屬、友人，發現這些傷勢的時候，能夠多一點關心，多一點詢問，我們也許就能提供更多，更即時的幫助；如果你只是孩子的鄰居，甚至是素昧平生的陌生人，也可以留意相關情況，反映通報給兒少保護的相關單位。

透過這些問題的察覺，我們才能即時發現家庭的狀況，才能有機會阻卻事態惡化。

這絕對不是多管閒事，也不是想拆散親情與家庭。我想強調一個觀念，這並不是在找誰的麻煩，通報與社工的探訪不等於要把孩子帶走安置，也並不是要責怪什麼，或要處罰什麼，而是想要關心與幫助照顧上有需要的家庭，開啟協助的那扇門！

養兒育女是一件不容易的事情，有時候需要親友、社區鄰里，甚至是政府系統來給予協助。這對家庭來說是非常重要的。因為家庭才是支撐兒少保護網的重要據點。惟有鞏固好家庭的照顧功能，使其正常運作，才能使我們的孩子得到最安全的保護。

## 家庭的三種狀態

家庭如此重要，所以在兒少保護工作中對家庭環境的評估就顯得相當關鍵。在思考兒少保護網的時候，我們可以把照顧孩子的家庭分為三種情況：一般家庭、脆弱家庭、與危機家庭，其中後兩者又統稱高風險家庭。

一般家庭是功能運作平順的家庭，這類家庭擁有適當的人力、資源與知能技巧來照顧孩子，比較讓人放心，目前台灣主要是透過津貼、托育資源、育嬰假、親子共讀等方式來給予支持。有的國家甚至更積極提供每一位新生兒至少一次居家訪視，以及二十四小時育兒專線的協助。這樣的家庭發生兒少保護案件的機率比較低，因此以國家政策支持所有育嬰家庭，以及大眾親子教育與觀念宣導為主，例如國際不打小孩日的推廣。

脆弱家庭則是指孩子還沒有出現受虐的情況，但運作機制已存在某種問題的家庭，比如經濟問題，或者照顧者入獄等等。因為這樣的情況，極有可能使照顧者因為壓力、情緒等問題，而對孩子施暴的風險開始增加。對此，我們可以透過對家庭的實質協助，提供親職教育、正向教養情緒管理，還有其他經濟上的支持等等來協助這類家庭，重塑其功能。

危機家庭則孩子已經出現受虐與不當對待的情況，甚至有生命危險的疑慮。此時就需要系統性的力量，由社工、教育、警察、醫護人員、司法等處理最嚴重個案的兒少保護網積極介入幫忙，進行心理急救、支持與治療，幫忙家庭維繫、重整與重建，希望讓家庭能從危機中得到力量，走向身心療癒與復原。

從關心周遭的孩子開始，到對每一個照顧孩子的家庭提供支持與協助，以同村共養的概念，共同承擔防暴關心到創傷知情照護的工作，這樣一來，我們才能建構整個社會的社區聯防兒少保護網。

## 全方位的支持與協助

但想讓兒少保護網變得更綿密、更堅韌，我們還需要更完整的政策，讓兒少保護形成系統，深植於社會各個層面與每個角落。

聯合國世界衛生組織（WHO）在二〇一六年針對全球的兒少保護議題，提出「消除針對兒童暴力的七項策略」（INSPIRE: Seven Strategies for Ending Violence Against Children）的概念，所謂 INSPIRE 是指七項策略的英文縮寫，呼籲大家落實和執行適當的法律，並改變社會規範和價值觀，使暴力不被容許；為兒童創造安全生活環境、支援父母和照護者、維持家庭經濟穩定，強化對於受虐兒童的支持與復原，以及教育重要的照顧與生活技能。這七項策略，對於消除針對兒童的暴力行為提供了明確的方向與目標，透過這些策略我們能保護兒童在家裡、學校、網路和社區的安全。

教養孩子不需要孤軍奮戰，我們照顧者也都是人，都可能會有情緒低落與挫折的時候，我們也都有許多壓力要克服，剛才提到的所有關於兒少保護做法，不管是親友鄰里關懷，還是政府輔導介入，目的都只是想要幫助照顧者順利照顧孩子，以及確認每一個孩子都有得到適當的照顧。

照顧孩童並不是與生俱來的天賦，而是時時精進的技能。對此，衛生福利部國民健康署所印製的《兒童健康手冊》，就是很好的工具，手冊中有許多分齡育兒的觀察重點、照顧方法與注意事項。而同樣他們也有出版《0～6歲正向教養手冊》，則是提倡正向教養的概念，更不時提醒父母不該視打罵為管教孩子的合理方式，而是可以有好多種正向的管教方式，是可以好好去面對與處理孩子教養的議題，真正讓孩子學會好的教養，這些都很棒，也是網路公開的免費資源，可以好好利用。如果有更複雜的議題，也可以尋求兒童精神科醫生或兒童心理師的協助。

猶記得我們醫院曾收到一份讚美信，媽媽寫來來感謝我們醫院兒童急診有通報幼兒大面積燙傷，政府的家防中心請社工師很快就親自來急診了解與關心，讓她覺得在台灣照顧孩子，有好多人一起來幫忙關心，讓她自己覺得照顧孩子有奧援不孤單。家長能有這樣的思維，對孩子是一大福音。

我們醫院也遇過家長自行打電話來我們的兒少保護醫療中心求助，我們整個團隊一起與家長努力面對與討論兒童教養與行為問題，讓家長慢慢覺得可以安心下來，好好照顧孩子。

也聽聞過國外社工師勸照顧者自己打電話通報兒少保護，明確說自己照顧孩子的部分需要協助，運用政府與社會資源以及大家的力量，一起來幫忙，這真的就是真正愛孩子，給孩子最適宜的照顧與對待。

所以在教養孩子出現問題時，要勇敢說出來！需要協助與求救，不代表自己是糟糕的父母或不稱職的照顧者，也一點都不可恥。努力提出我們在照顧兒童時，需要更多資源與幫助，並找尋各種方式來解決問題，而不是放任傷害兒童的事情發生，更代表自己是真正關心與愛孩子的，所以願意努力讓孩子得到適當的照顧，而好好努力學習精進。照顧孩子不簡單，我們都需要支持、鼓勵。勇敢地把問題說出口，尋找幫手救援，才是真正有愛而負責任的父母。

為兒童創造一個安全與安心長大的世界，讓他們都能夠在沒有暴力的情況下茁壯成長，這是你與我們大家都不能迴避的責任。

## 關於 INSPIRE

**Implementation and enforcement of laws，執行法律：**法律的支持與執行，對兒少保護是非常重要的部分，尤其是在懲戒權的定義上，至少不能讓體罰小孩成為法律允許的事情。

**Norms and values，規範價值：**要讓社會認可不毆打孩童的管教概念。

**Safe environments，安全環境：**讓孩子身處在安全，不受威脅的環境。

**Parent and caregiver support，照顧支持：**給予照顧者協助，比如育兒培訓等教養技能的訓練與喘息服務。

**Income and economic strengthening，經濟支持：**利用社會福利政策，增加家庭收入，解決經濟問題帶來的壓力，比如育兒津貼等。

**Response and support services，整合資源：**強化兒少保護服務的質量，打造讓兒童安全與安心長大的兒少保護網路。

**Education and life skills，教育技能：**讓大家學習如何正確對待孩子，而非運用暴力的方式。

# 瑞士媽媽的神隊友

瑞士每個社區都有一名專責育兒指導員，在寶寶回到家的三天內主動到府支援育兒，不敢幫寶寶洗澡、不知道寶寶為何哭不停？……初為父母的不知所措都能在育兒指導員的陪伴下安然度過。

每次有兒虐的新聞，大家都很憤慨，很多人會說「不愛小孩、沒有耐心的人怎麼可以當保母」，或覺得「不會教、不會養，就不要生」。但我覺得這不應該只是父母的責任，孩子已經來到世上，國家應該要做到讓每一個孩子都能獲得基本的照顧，以及確保兒童的基本權利。這不是我的期盼，而是聯合國於一九五九年十一月二十日，第十四屆聯合國大會所通過的宣言！

## 超前部署的育兒指導模式

這是無可撼動的普世價值，是我們要一起去捍衛、保護的。所以我想分享瑞士的「育兒指導」模式。

瑞士的做法其最深層的概念是不要等孩子受虐以後，公權力才介入，而是照顧者有需要就提供支持與協助，不要等孩子受傷或犧牲了，才來關心，不僅為時已晚，且傷害已經造成。

所以，瑞士在每個社區裡設有一名專責人員擔任「育兒指導」，這名專責人員最重要的任務，就是社區中若有家庭迎來新生兒，在新生兒出院回家的三天之內，必須主動進行家訪，不是由家庭提出需求，而是系統自動通知專人前往。這項措施並不限於高風險、脆弱家庭，也不排富，對於國家而言，每個孩子都重要，只要家有新生兒，國家都會關心。

「育兒指導」家訪有幾項工作重點，其一是「照顧技能」，包括觀察照顧者會不會泡奶、洗澡、更換尿布等；其二是「居家安全」，觀察家中有沒有容易誤觸而會導致孩子燒燙傷、觸電的擺設，或嬰兒床有沒有容易跌落的疑慮；其三是「了解家庭狀況」，比如誰是主要照顧人力、有沒有替代人力等。

## 任何問題都可諮詢

有些項目看來很基本，但新手父母就是可能會搞錯、會手忙腳亂，像是泡配方奶的溫度和水量，很多人說常會忘記奶粉舀到第幾匙，或是舀奶粉後忘記刮一下，沒有符合所謂「一平勺」的量，導致泡出來的奶太濃、寶寶喝到吐；又或者寶寶肚子餓、一直哭，泡好奶就急匆匆要餵，忘記降到適口的溫度。這些都是兒少保護工作現場實際遇過的狀況，所以「育兒指導」的現場觀察項目，對新生兒是否能得到適當的照顧很重要。

瑞士育兒指導所需的家訪人力，來自社區的專科護理師、合格的居家托育人員（保母）或資深社工。育兒指導員若發現任何不安全照顧行為，會手把手的協助照顧者改善。舉例來說，新手爸媽在醫院時，雖然學過洗澡的手法，但醫院內有設計得比較好、高度適中的澡盆，多數人回到家以後的設備完全不一樣，換個環境，要如何安全地幫嬰兒洗澡呢？「育兒指導」會提供一些調整技巧，這也是一定要家訪的原因，實際看到照顧環境，才能教導新手父母應用、調整照顧手法。

這些經驗豐富的專業人士重視每一個細節，以餵奶為例，包括泡奶的水質、奶粉存放、奶瓶清洗和消毒、母奶冰存方式，都可能藏有疏漏，所以他們看得非常仔細。如果發現問題，育兒指導員除了教學，還會約好兩、三天後再訪，觀察受訪家庭是否有所改善。若育兒指導員觀察照顧者的照顧情況良好，就會留下名片，名片上有二十四小時可撥通的專線，任何問題都可以打電話諮詢；如果有需要可以先透過電話指導，或是給予就醫指引。

## 照顧兒童是國家大事

二十四小時專線聽起來業務很重，但靠著連結社區的育兒指導員每一次仔細、慎重的家訪與協助，和我們分享這個制度的瑞士護理師告訴我們，接到緊急電話的情況，一個月可能不到一次。

瑞士透過這樣的制度，不僅觀察照顧者有沒有好好對待孩子，更是讓照顧者知道有專業人士可以就近給予支持，而且是孩子出生後就來過家裡幫忙，是見過幾次面的熟悉面孔，不但可以減少照顧者求助時的躊躇，也讓他們安心許多。面對新生兒，難免有不知所措的時候，有人可以商量、協助，是從源頭減少、防止兒虐的機制，也凸顯照顧兒童是整個社區、國家都看重的大事。

家訪也可以找出社區中高風險、脆弱家庭，有研究證實此舉能有效降低兒虐發生的風險。脆弱家庭因為經濟因素，照顧者必須長時間工作換取溫飽，孩子乏人照顧，透過頻繁家訪，可以稍稍彌補這個狀況，甚至家訪員可以把孩子帶出來，或把好幾個孩子聚在一起照顧。研究指出，雖然這樣做無法完全遏止兒虐或孩子的偏差行為，但由這些具專業背景的「育兒指導員」陪伴著高風險家庭的孩子成長，可以減少校園霸凌、犯罪或暴力行為。

## 讓專業人士成為媽媽友

台灣的醫院也有提供新生兒照顧衛教，並在媽媽產後住院的期間進行，但新手媽媽最需要協助的時機點是回到家之後，此時照顧的問題才是最真實的，就像剛拿到駕照開車上路的新手，這個時間點才是迫切需要被幫助的時候。

台灣出生率每況愈下，也許可以盤點育兒相關行業的人力，參照瑞士模式，打造關心新生兒家庭的家訪團隊，把制度、系統建立起來。架構上要看主責單位為何，牽動哪些機關、人力；制度上要把進入家戶訪視的法規訂清楚；系統方面要把訓練課程、資格取得的方式、訪視的標準作業程序都訂出來，才能成為可長可久的運作模式。

非洲有句諺語「It takes a village to raise a child」，意思是傾全村之力來撫養孩子，孩子是整個社區的責任，養兒育女無法單憑父母的力量，而是集合社區鄰里的關心，協力教養來支持父母，讓孩子在眾人的關懷與照顧之下成長，更有助於孩子的身心健康。

專業育兒指導員主動進入家戶關心這套制度就是「同村共養」的概念，而且是政府把專業人士送給媽媽，成為大家的「媽媽友」。

# 護理師＋學生志工
# 可以強化兒少保護網

美國的大學生志工受過專業志工訓練，也能進入家庭陪伴父母育兒，而且可以落實兒少保護分層分類的概念。

高風險家庭需要頻繁的訪視，這是兒少保護工作重要的一環，可是現有的社工人力就是很難做到，美國兒虐防治計畫「Family Partner」建構兒少安全保護網的思維和做法，就很值得台灣參考。

「Family Partner」計畫的其中一種稱為「Nurse Family Partnership」（ＮＦＰ），在美國有超過四十州實行，有研究指出，每支出一美元在ＮＦＰ計畫上，未來可以省下五美元的社會問題處理成本。

ＮＦＰ由護理師擔任家訪者，家訪對象以低收入戶、低齡或單親的新手媽媽為主，從女性懷孕期間就開始定期家訪，直到孩子滿兩歲。透過訪視，可幫助新手媽媽注意孕期健康、改善居住環境的安全性、提供嬰幼兒養育資訊，也幫助這些相對弱勢的新手媽媽建立支持系統，並提供社福資源。

## 透過制度徵集所需人力

為擴充「Family Partner」家訪人力，美國同時推出「SafeCare」模式，長期家訪者從護理師主責專門培訓大學生志工，學生們經專業訓練之後成為家訪員。初期由專業社工帶著學生去家訪，再依高風險、脆弱家庭與一般家庭等需求來區分，形成不同的兒少保護工作計畫，一項計畫可能長達十年，直到個案中的幼兒成年為止。

如何長期的陪伴與支持高風險或脆弱家庭，是兒少安全網絡建構的重要議題，不論哪個國家，社工的人力很難長期全面支援一個個案，每個社工手上的案子都一大堆，一件比一件還緊急，美國「SafeCare」的大學生志工就是滿好的輔助人力，透過這樣的人力擴充，可針對一些低風險個案進行長期陪伴，如果發現狀況，再回報社工督導，視情況再將社工、心理師等資源引進個案，所以「SafeCare」模式不只是人力擴充，而且可以讓不急迫的案件也能持續被關懷、陪伴。如此一來，就能建構綿密的兒少安全網絡。

長期陪伴高風險或脆弱家庭，除了專業人員，訓練專業的志工傾聽與陪伴有需要的家庭，是台灣可以嘗試建立的模式，志工來源其實有不少管道，例如幼保科系的大學生、退休保母等等，透過制度把有心兒少保護的志工找出來，並加以發展，讓家庭支持系統能夠更加的完整，兒童能夠獲得適當的照顧與教養，安心健康的長大。

# 寶貝，寶貝，不要哭，眼淚是珍珠

無法安撫的哭鬧，是嬰兒受虐常見的主因。因為嬰兒持續的哭鬧，讓父母的情緒潰堤而失控，於是直接做出傷害嬰兒的事，但嬰兒一旦受到傷害，尤其是受虐性腦傷，通常都很嚴重，不但嚴重影響未來人生，也給家庭社會承受更大的負擔。

寶貝寶貝不要哭，眼淚是珍珠，哭多將來會命苦，嫁給大老粗……。這是卜學亮為自己的孩子而唱的搖籃曲，希望藉由溫柔的歌聲能讓孩子停止哭泣。

嬰兒的哭泣聲，應該是大多數人的夢魘。一般人聽到嬰兒在哭泣，不是掩耳疾走，不然就是露出嫌惡不耐煩的表情。對於許多新手爸媽來說，小寶寶的哭泣聲更是巨大尖銳的折磨，因為這是他們無從逃避的責任，有時候甚至是無法承受的壓力。

也許很多人會不以為然地說，怎麼可以放任孩子一直哭泣，不照顧寶寶就算了，還折磨干擾別人呢？這樣的父母也太糟糕了吧！

這樣說對於新手爸媽來說，似乎太嚴苛了點。如果你曾為人父母，一定可以理解寶寶哭個不停的時候，是多麼無助而沮喪的時刻。

嬰兒的哭泣有時候真的是無法解釋的，是不可理喻的。寶寶不一定是因為餓了或者哪裡不舒服，更多時候，嬰兒可能只是在宣洩自己的情緒。畢竟嬰兒不會說話，他們與外界溝通的方式就是哭，用哭聲來表達感受。

## 哭聲是一切失控的根源

但這對父母來說，面對嬰兒持續的哭鬧，在無法理解、找不到原因的情況下，難免會出現一些情緒煩躁，甚至失控的情況。

這也是我為什麼要在這裡，特別針對嬰兒哭泣的狀況提出看法的原因。因為嬰兒哭泣很常見，但嬰兒又是那麼脆弱，一旦因為哭泣，而要面對大人不管是有意無意的傷害，都會造成身心成長巨大的影響。就我的經驗來看，嬰兒一旦受到傷害，尤其是受虐性腦傷，通常都很嚴重，而且治療起來很艱辛；更可怕的是，這些傷害有可能直接造成嬰兒死亡，即使搶救成功，大部分都已經造成一輩子的身心障礙與發展遲緩，甚至變成植物人，這些都嚴重影響嬰兒的未來人生，也讓家庭、社會承受更大的負擔。

而使得嬰兒受虐常見的主因，就是因為他們的哭鬧無法安撫，讓照顧者不耐煩與生氣，挑戰照顧者的底線與地雷。因為嬰兒持續的哭鬧，讓父母的情緒潰堤而失控，就直接做出傷害嬰兒的事。有些只是不理解嬰兒哭泣的狀況，純粹想要讓嬰兒停止哭泣，所以嘗試各種行為，看哪個讓嬰兒安靜，因此有時候就出現危險不當對待的照顧行為。前面章節提到有媽媽為了讓嬰兒不再哭泣而猛烈甩動搖晃嬰兒，這些行為讓他們直接傷害了孩子。

還發生過有照顧者因為自己的壓力與失控的情緒，直接轉嫁給無法反抗的嬰兒身上，以虐待嬰兒做為宣洩壓力的出口。

如果我們想避免嬰兒受虐的狀況，一個很重要的工作就是好好面對哭泣的嬰兒！

## 哭到發紫？

所有健康的寶寶都會經歷「新生兒啼哭期」，只是會有強度跟長度的差別。一般來說「新生兒啼哭期」開始於第二週，高峰期為第六週，並持續到二～四個月，每一位嬰兒哭泣時間有所不同，從每天最少二十至三十分鐘，甚至可以高達每天五至六個小時。通常只要寶寶哭鬧超過十分鐘而無法安撫，照顧者就可能會陷入情緒的臨界點，但如果能了解寶寶哭泣的成因，照顧者調整好自己面對與處理的方式，心理上就比較能準備好，去好好處理哭鬧議題。

所以面對這段時期，美國有提出一個健康面對嬰兒哭泣的專案做法，稱做「PURPLE CRYING」，所謂 PURPLE CRYING，中文直譯：紫哭！但它不是哭到發紫的意思，而是代表新生兒啼哭期的特徵：

**P** - Peak of crying

**啼哭的高峰**：你的寶寶可能每週都哭得比之前更多，兩個月大的時候達到高峰，之後到三～五個月大，逐漸減少。

**U** - Unexpected

**無法預期**：說哭就哭，說停就停，毫無理由，也沒有什麼徵兆。

**R** - Resists soothing

**拒絕安撫**：不管你做了多少努力，寶寶就是哭個不停。

**P** - Pain-like face

**表情痛苦**：寶寶可能沒有事情，但哭泣的時候表情可能看起來很痛苦。

**L** - Long-lasting

**持續時間長**：寶寶可能每天哭上五小時，甚至更久。

**E** - Evening

**傍晚**：寶寶可能在下午或傍晚哭得更凶。

透過 PURPLE CRYING 的解釋，希望讓照顧者了解，寶寶哭成這樣不是你的錯，這都是嬰兒發展常見的情況，也不是寶寶有什麼問題，或者是自己的教養照顧有什麼問題。

父母已經很辛苦了，所以我希望他們了解，哭泣是寶寶的正常發展階段中會經過的歷程，能認識到這只是暫時的現象，會有結束的一天，能減輕自己的挫折感。這樣就不會有壓力崩潰的問題，也不會出現情緒失控的狀況，自然就不會粗暴地對待嬰兒！

## ICON 的自我提醒

英國面對嬰兒哭泣的教導專案，是建議使用 ICON。ICON 與 PURPLE CRYING 在性質上很接近，但 ICON 更像是對父母的提醒。

**I** - Infant crying is normal

提醒自己寶寶哭泣是很正常的。

**C** - Comforting methods can help

提醒自己可以用各種安撫的方式來幫助孩子。

**O** - It's OK to walk away

真的受不了，可以在嬰兒安全無虞的情況，暫時離開哭泣的寶寶一陣子。

**N** - Never, ever shake a baby

絕對不要搖晃孩子。

所以ICON可算是父母面對嬰兒哭泣時的行為指南。第四點尤其重要，要知道用力搖晃嬰兒是造成嬰兒傷害的最常見原因，尤其是猛烈甩動或撞擊嬰兒頭部，都是非常危險的舉動。而之所以造成父母搖晃嬰兒的原因，絕大多數都是因為寶寶哭到讓照顧者失去耐性，進而崩潰。所以我希望能夠透過對嬰兒哭鬧行為的理解，減父母對此事焦慮。

如果寶寶不停地哭鬧，請檢查是否有生病或不舒服的跡象，如果認為孩子生病了，請帶去看醫生。如果自己感到煩躁不安，請專注讓自己平靜下來。可以把寶寶放在安全的地方，然後走開一下下，讓寶寶冷靜下來，每五到十分鐘回來看一下寶寶情況，同時也讓自己調適心情，喝口水。你也可以打電話給朋友、親戚、鄰居，或找到熟悉孩子的醫護人員，來尋求支持與協助，國外甚至有設置二十四小時育兒諮詢熱線。育嬰假是很好的選擇，讓自己的壓力來源能少一些，更有助於穩定自己的心情。

如果你是父母或照顧者的朋友，家人或旁觀者，請不要再給父母或照顧者壓力，你們不耐煩的表情、批評，甚至冷言冷語，都會加重父母或照顧者的挫折感。他們需要的是你的支持、鼓勵，請你們同理這些正為哭不停的孩子而焦頭爛額的父母，你善意的體貼與幫助，哪怕只是一個微笑，都能讓父母帶來勇氣。

照顧小寶寶很辛苦，他們是那麼的脆弱又難以理解，每個孩子和每個父母、照顧者都是獨特的。每天可能會面臨許多不同的情況和挑戰。了解嬰兒哭泣的狀況，給自己一個喘息的空間，尋求最好的幫助，大家一起來幫忙，這些是避免嬰幼兒受到虐待最好的方式。

## 澳洲安撫寶寶的十個自我檢測問題

安撫哭泣的寶寶，可以嘗試透過溫柔輕搖、裹在被子裡、提供安撫奶嘴、將寶寶靠在自己的肌膚上、輕聲唱歌或說話、推著嬰兒車散步，或開車兜風等方式來進行。所以澳洲對新手爸媽面對哭不停的孩子，有以下的建議：

1. 寶寶需要安撫或想引起你的注意？
2. 寶寶肚子餓？
3. 寶寶尿布濕了或有尿布疹？
4. 寶寶要拍嗝？
5. 寶寶不舒服？太冷太熱？
6. 寶寶想吸吮？可以使用安撫奶嘴或手指。
7. 寶寶太累？包覆被子，讓嬰兒可以安睡。
8. 環境適合寶寶休息嗎？可以減少光線刺激，給予適合的聲音。

9. 寶寶生病了嗎？
10. 你需要喘息一下？

## 許一個願

用正確的觀念教養孩子，揚棄暴力的想法，從個人到家庭，再擴展到社會各層面；從觀念到法律；從預防到復原，我相信大家一起來努力，提供各種面向的支持，社會中每一個角落的孩子，都能得到適當的照顧與對待，這樣面面俱到，才能建構兒少保護網最理想的狀態。

想一想，這些孩子天真快樂的笑臉，這些都應該是我們值得努力捍衛，全力以赴的事情！

# 聽，傷痕在說話

## 呂立的兒少保護醫療現場紀實，<br>守護受虐兒，重拾家的力量

作者｜呂立
採訪撰述｜陳柏樺
責任編輯｜ 陳珮雯、曾文正
校對｜魏秋綢
封面設計｜葉馥儀
版型設計、內頁排版｜賴姵伶
行銷企劃｜蔡晨欣

天下雜誌群創辦人｜殷允芃
董事長兼執行長｜何琦瑜
媒體產品事業群
總經理｜游玉雪
總監｜李佩芬
版權專員｜何晨瑋、黃微真

出版者｜親子天下股份有限公司
地址｜台北市 104 建國北路一段 96 號 4 樓
電話｜ (02)2509-2800　傳真｜ (02)2509-2462
網址｜ www.parenting.com.tw
讀者服務專線｜ (02)2662-0332　週一～週五 09:00~17:30
讀者服務傳真｜ (02)2662-6048
客服信箱｜ bill@cw.com.tw
法律顧問｜台英國際商務法律事務所 · 羅明通律師
製版印刷｜中原造像股份有限公司
總經銷｜大和圖書有限公司　電話｜ (02)8990-258

出版日期｜ 2022 年 04 月第一版
定價｜ 400 元
書號｜ BKEEF076P
ISBN ｜ 978-626-305-198-0（平裝）

國家圖書館出版品預行編目 (CIP) 資料
聽，傷痕在說話：呂立的兒少保護醫療現場紀實：守護受虐兒，重拾家的力量 / 呂立著；陳柏樺採訪撰述 . -- 第一版 . -- 臺北市：親子天下股份有限公司，2022.04
面；　公分 . --（家庭與生活；76）
ISBN 978-626-305-198-0( 平裝 )

1.CST: 受虐兒童 2.CST: 兒童保護

548.13　　111003135